■ 剑桥历史分类读本

剑桥历史分类读本

第二次世界大战的历史

丁牧 主编

中国商务出版社
CHINA COMMERCE AND TRADE PRESS

图书在版编目（CIP）数据

第二次世界大战的历史 / 丁牧主编 . -- 北京：中国商务出版社，2017.6

（剑桥历史分类读本）

ISBN 978-7-5103-1947-1

Ⅰ . ①第… Ⅱ . ①丁… Ⅲ . ①第二次世界大战—历史

Ⅳ . ① K152

中国版本图书馆 CIP 数据核字 (2017) 第 155676 号

剑桥历史分类读本

第二次世界大战的历史
DIERCI SHIJIEDAZHAN DE LISHI

丁牧　主编

出　　版：中国商务出版社

地　　址：北京市东城区安定门外大街东后巷 28 号　　邮编：100710

责任部门：中国商务出版社　商务与文化事业部（010 — 64515151）

总 发 行：中国商务出版社　商务与文化事业部（010 — 64226011）

责任编辑：崔　笏

网　　址：http://www.cctpress.com

邮　　箱：shangwuyuwenhua@126.com

排　　版：映象视觉

印　　刷：北京松源印刷有限公司

开　　本：700 毫米 × 1000 毫米　　1/16

印　　张：14.5　　　　　　　　　字　　数：215 千字

版　　次：2018 年 1 月第 1 版　　　印　　次：2022 年 1 月第 2 次印刷

书　　号：ISBN 978-7-5103-1947-1

定　　价：42.00 元

凡所购本版图书有印装质量问题，请与本社总编室联系（电话：010-64212247）。

编委会

序

　　我在大学任教多年，一个较明显的体会是，许多学生对人类文化发展的历史知之甚少。就是说，那些人类传承下来的宝贵历史财富，许多学生并没有很好地吸收接纳。古人曾指出"以史为镜，可以知兴替"，所以说，了解人类文化的历史，是很重要的。了解历史能使我们开阔视野，吸取经验教训，明白人类是如何走到今天，这对我们的成长大有裨益。

　　读历史很重要，如何选择历史读本也很重要。剑桥大学编纂出版的历史类图书，是世界公认的最权威、最全面的历史图书之一，剑桥大学不但出版按国别区分的历史类图书，而且还出版了按类别区分的历史类图书。阅读学习这样的史书，对读者的帮助很大。

　　现在摆在你面前的这套"剑桥历史分类读本"，就是参照了剑桥大学出版的大量分类历史图书的体例，又借鉴了我们国内相关历史类图书的写作方式，按照中国人的阅读习惯，精心筛选，重新编写而成的。另外，每册图书又配以近200张彩色图片，力求用图说的形式和通俗易懂的语言，来更为生动形象地讲述历史。

　　相信这套图文并茂的"剑桥历史分类读本"，无论对于在校的中学生、大学生，还是已步入社会的青年朋友，都是值得一读的，它既能让你获得美的享受，又能让你得到思想的启迪。因此，我特向你推荐这套开卷有益的图书。是为序。

丁　牧

中央电视台《百家讲坛》主讲人
北京电影学院文学系教授、博士生导师

前言

剑桥大学编纂出版的历史类图书，是世界公认的最权威、最全面的历史图书之一，剑桥大学不但出版按国别区分的历史类图书，而且还出版了按类别区分的历史类图书。

剑桥大学出版的历史图书有两个显著的特点：一是撰写历史时，大都是放在大的文化背景下阐述，有着文化的历史的标志；二是这些历史图书大多不是刻板生硬的教材，而是用通俗易懂的文字来描述历史。这是我们这套丛书参照编写的原因。

中国的大学生以及毕业后走上工作岗位的白领们，由于初高中时期繁重的作业及应试压力，他们对于人类的历史只是一知半解，对于那些人类传承下来的宝贵的历史财富，并没有很好地吸收接纳。古人曾指出"以史为镜，可以知兴替"，所以说，了解人类的历史，是件很重要的事情，这将使我们在人生的道路上终身受益。

本套丛书参照剑桥大学编纂出版的按类别区分的历史类图书，同时也参照其按国别区分的历史类图书，在此基础上，又结合了我们国内历史类图书的内容，这样就形成了本套图书的体例。

虽然剑桥大学的历史图书比较通俗，但对于非历史专业的读者来说，读起来还是有些困难。所以，为达到通俗易懂的目的，本套丛书在形成的体例基础上，以大事件将历史串联起来，同时每册图书还配以近 200 张彩色图片。不仅如此，每册图书都是以历史真实事件为基础、用故事性的描述语言编写完成的。

希望经我们的努力，打造出的这套丛书，能得到读者朋友们的喜爱。

《剑桥战争史》指出，第二次世界大战（以下简称二战）引发的原因，是发生了美国经济危机，其后又波及全世界。1923年之后，欧洲一直沉浸在依赖那并不可靠的美国贷款上，这是一种虚幻的稳定感。1929年10月，华尔街股票市场终于倒闭，这引发了中欧经济的崩溃，随之魏玛共和国解体。1933年1月，阿道夫·希特勒成了德国总理。

此时的德国还没有从第一次世界大战（以下简称一战）失败的仇恨中走出来，巨大的还款负担压得整个国家喘过气来。希特勒决定改变世界秩序，他加入了意大利墨索里尼和日本军国主义的行列。其实德国人早就为即将到来的战争做准备了：泽克特将军领导了军事变革，组建了不少于57个专门研究第一次世界大战失败的委员会；1924年，德国军方出版了军事条例手册——《军队领导》，就是要为打胜下场战争做准备。

因经济危机产生的生产过剩，为大规模生产武器创造了基础，大国间的武器竞赛空前高涨，德国以巨大的热情和精力进行装甲化的试验，随后又组建装甲兵团。1935年德国陆军曾自豪地声称已经有了3个装甲师，而到了1940年，装甲师发展到了10个。

希特勒走在通往战争的路上，他果断废除了《凡尔赛条约》，重新武器计划得以实现。1939年4月进攻波兰，二战爆发。

在二战结束前的近6年中，两大军事集团展开无数大规模战役，不管是对战争前期德国人初步胜利的战役，还是对战争后期反法西斯力量可歌可泣的伟大胜利的战役，本书都将做详细介绍。

1945年苏联军队在东部进攻柏林，英、美联军在北部逼至莱茵河，柏林被攻克，希特勒自杀。随着美国原子弹在日本广岛爆炸，日本也举起了无条件投降的白旗。至此，噩梦终结，二战结束了。

目　录

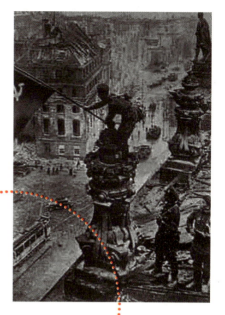

第一章
战争爆发阶段
（1933 年 9 月～ 1941 年 6 月）

　　1923 年后，欧洲一直沉浸在依赖并不可靠的美国货款所造成的虚幻的稳定感中，主要军事强国都削减了它们的军备。但是这一切都不过是相互间良好愿望而已。1929 年 10 月华尔街股票市场的倒闭，宣布了一个凄风苦雨时代的到来。美国各大银行收回它们的贷款，引发了中欧经济的崩溃。一时间，失业人口高达 1000 多万，随之出现的是魏玛共和国的解体，1933 年 1 月，希特勒成了德国总理……

　　　　　　　　——《剑桥战争史》

一战埋下的祸根

第一次世界大战结束后，战胜国召开了巴黎和会，缔结了《凡尔赛和约》，为下一次战争埋下了祸根。正像《剑桥战争史》指出的那样，在《凡尔赛和约》中，包含着新的重大对抗，并具有不可避免性，而20世纪30年代经济危机的爆发，又加剧了资本主义国家阶级矛盾和这些国家之间的矛盾，于是，德意日加紧了扩张的步伐，第二次世界大战的前奏已经拉响……

《凡尔赛和约》

第一次世界大战结束后，在巴黎的凡尔赛宫召开了和会，缔结了《凡尔赛和约》。

然而，作为战胜国的意大利和日本，在这次分赃中，却只分到了一杯残羹：意大利只获得非洲东部约17万平方公里的贫瘠的土地，日本只是在太平洋上获得了一些岛屿的委任统治权。对此，意、日极为不满。德国由于战败，不仅失去了所有的殖民地，还被迫割去了本国的一部分土地。对此，德、意、日三国力图打破这种局面。

从20世纪20年代开始，意大利、德国和日本先后走上了法西斯化的道路。30年代初，德、日经济有了很大发展，扩军备战的速度大为加快。随着实力的增强，它们和英、法等国之间的力量对比发生了变化，出现了新的不平衡，要求重新划分势力范围的斗争就更加激烈起来。而英法等国家虽然仍保有大量的殖民地，但在政治上、经济上却在走下坡路。它们在法西斯国家咄咄逼人的攻势面前采取守势，并企图牺牲小国、弱国和他国的利益实行绥靖。但法西斯国家欲壑难填，它们

《凡尔赛和约》签订现场

不仅要重新瓜分世界，而且要称霸全世界。

1920 年至 1921 年，资本主义国家发生了第一次经济危机。1929 年至 1933 年，发生了第二次经济危机。第二次危机空前严重，震动了整个资本主义体系，产生了广泛和深刻的影响。这次危机从美国开始，并迅速席卷了所有资本主义国家。在经济危机的冲击下，各国生产大幅度下降。经济危机期间，购买力下降，大批商品卖不出去，生产过剩，物价暴跌。各国垄断资产阶级为了缓和生产和消费的矛盾，阻止物价进一步猛跌，大规模地破坏生产力和销毁产品。

第二次经济危机，沉重地打击了资本主义世界。英国和法国的力量进一步衰退。德、意、日帝国主义为了摆脱危机，走上了国民经济军事化的道路，在政治上日益法西斯化，终于成为亚洲和欧洲的战争策源地。

德国的扩张

1938 年 3 月 12 日，德国吞并奥地利，接着便肆无恐地进逼捷克斯洛伐克。捷克斯洛伐克位于欧洲中心，战略地位十分重要，德国如果占领捷克斯洛伐克，向东进攻苏联可作为桥头堡，向西进攻法国和英国，则无后顾之忧。希特勒对此地垂涎已久，他企图以苏台德问题为入侵的突破口，并制订

德军入侵捷克斯洛伐克

了"绿色计划"，决定于 10 月 1 日进军捷克斯洛伐克。

这使和捷克斯洛伐克有盟约的英、法两国甚为紧张。于是，1938 年 9 月 15 日清晨，67 岁的英国首相张伯伦，拿着雨伞，行色匆匆地赶往德国去拜见希特勒。希特勒没有到火车站迎接。张伯伦只好自己乘车沿着蜿蜒山路来到希特勒的高山别墅。这时，天下起了小雨，希特勒根本没有上前迎接的意思，只是站在台阶上面无表情地等着。

二人的谈判在一间密室中进行。希特勒口若悬河，不给张伯伦任何讲话的机会，希特勒表示将不惜一切代价使居住在捷克斯洛伐克的 3003 名德意志人回归德国，希特勒突然问道："英国是否同意割让苏台德地区给德国？"

这一问并没有使张伯伦惊慌失措。英、法历来主张绥靖政策，即我们常说的"事不关己高高挂起"和牺牲别国利益达到自己目的的行径。所以，张伯伦前来谈判前，早已和法国商定，两国不会帮助捷克斯洛伐克作战，决心牺牲捷克斯洛伐克以求得与希特勒的妥协。

在英、法绥靖政策之下，捷克斯洛伐克政府只好屈服于纳粹。捷克总统对英、法的行径无奈地说："我们被卑鄙地出卖了。"

9 月 22 日，张伯伦再次拜见希特勒。这一次他受到了隆重的欢迎：一队党卫军仪仗队在静候他的检阅，乐队奏响了"上帝保佑吾王"的英国国歌。

这次张伯伦总算捞到了首先发言的机会，他像下级向上级报告工作一样，唠唠叨叨地谈了一个小时，而希特勒则一反常态地沉默着。最后，张伯伦充满信心地看着希特勒，屏息静听对方反应。不料，希特勒说形势已变，又提出了新的要求，他要

张伯伦和希特勒合影

将包括苏台德在内的其他所有说德语的地区全部据为己有。

在捷克斯洛伐克，人们义愤填膺，全国掀起了抗议高潮，德、捷双方军队都处于警备状态，战争大有一触即发之势。对此，英、法惊恐万分，一面故作姿态向德国施加压力，一面又由张伯伦出面恳求希特勒息怒，并表示将尽一切力量"使捷国人头脑清醒一点"。另外，还致电墨索里尼，要他当面安排英、法、德、意四国首脑会议，以"和平解决"捷克斯洛伐克问题。9月27日，张伯伦发表广播演说，公然表示："我们对一个在强大邻邦压制下的小国，不论报有多么大的同情，但总不能仅仅为了它而不顾一切地使整个不列颠帝国卷入一场战争。"这时，美国也赶忙出面活动。狡猾的希特勒见时机已到，立即同意表示召开国际会议。

9月29日夜，英、法、德、意四国在德国慕尼黑的褐色"元首宫"里举行秘密会谈，签署了《慕尼黑协定》。依据协定，捷国必须在10月1日开始的十天内，把苏台德及其附属的一切设备全部无偿交给德国。

捷克斯洛伐克虽为当事国，但它的两名代表都被拒绝在会议室门外，坐在冷板凳上，眼巴巴地等待几个大国的最终裁决。

会议结束后，张伯伦一脸倦意，不停地打着哈欠，却没有一点窘迫的神色，用他的话说："我累，但累得很舒服。"张伯伦让人叫来了捷国代表，和法国首相达拉第一起极不耐烦地向他们宣布了协约内容，责令他们立即执行。

可是事实上并不像张伯伦吹嘘的那样带来了"我们时代的和平"，这件事反而加速了世界大战的爆发。在英、法的纵容之下，希特勒侵略气焰更加嚣张。他轻蔑地称这些人为"一批可怜虫"。就在第二年3月，德国灭亡了捷克斯洛伐克。

二战在酝酿中

1939年，斯大林为了保护苏联的安全及利益，决定放弃与英、法共同对抗纳粹德国，反而与德国签订非战条约。另一方面，希特勒为了执行1939年4月3日制订的闪击波兰的"白色方案"，也想避免过早地与苏联发生冲突而陷入两线作战的困难境地，所以也愿意与苏联签订非战条约。

荒唐的约定

1939年4月至8月，英、法、苏三国在莫斯科举行军事、政治谈判。谈判中，苏联向英、法提出三点建议：

1.缔结英、法、苏之间有效期5至10年，包括军事援助在内的反侵略互助条约。

2.三国保障中欧和东欧国家的安全。

3.缔结三国间相互援助的具体协议。

然而，这次谈判毫无结果，反而是英、法同意了纳粹德国在东欧和中南欧自由行动，还拒绝了苏联提出的保障中欧和东南欧国家安全的建议。

1939年5月到8月间，希特勒一再通过外长里宾特洛甫向苏联表示纳粹德国无意侵略苏联，并希望改善彼此关系。此时希特勒已决定入侵波兰，当他得知莫斯科正在举行英、法、苏三国谈判时，深感忧虑。

签订《苏、德互不侵犯条约》现场

与此同时，日本在远东地区挑起"诺

门坎事件"，向苏联发动进攻，而德、日两个法西斯国家又在谈判结成军事同盟，苏联有腹背受敌的危险。

1939年8月2日，希特勒直接电告斯大林，要求苏、德会谈签约。苏联对西方国家的绥靖政策相当不满，遂答应了这一要求。

德国外长里宾特洛甫带着希特勒亲笔签字的全权证书，前往莫斯科。里宾特洛甫向苏联提出希望改善彼此关系，声称：从波罗的海到黑海没有一个问题不能通过协商解决。纳粹德国驻苏联大使舒伦堡再次会见苏联负责外交的莫洛托夫，表示愿与苏联缔结一项互不侵犯条约。

1939年8月23日正午，两架"秃鹫"运输机载着纳粹德国代表团到达莫斯科。斯大林、莫洛托夫和里宾特洛甫进行了两次会谈，当晚，双方正式签订了《苏、德互不侵犯条约》。

《苏、德互不侵犯条约》主要内容有：

1. 缔约双方保证不单独或联合其他国家彼此互相使用武力、侵犯或攻击行为。

2. 缔约一方如与第三国交战，另一缔约国不得给予第三国任何支持。

3. 缔约双方决不参加任何直接、间接反对另一缔约国的任何国家集团。

4. 双方以和平方式解决缔约国间的一切争端。

5. 条约有效期为10年。

除互不侵犯条约外，苏、德双方还签订了一份秘密附加协议书，其中规定：

1. 属于波罗的海国家（芬兰、爱沙尼亚、拉脱维亚、立陶宛）的地区如发生领土和政治变动时，立陶宛的北部疆界将成为德国和苏联势力范围的界限。在这方面，双方承认立陶宛在维尔诺地区的利益。

2. 如波兰发生领土和政治变动，苏、德双方将大致以纳雷夫河、维斯杜拉河和桑河为势力分界。维持波兰独立是否符合双方利益，以及如何划界，只能在进一步的政治发展过程中才能确定。

3. 在东南欧方面，苏联关心在罗马尼亚的比萨拉比亚的利益，德国宣布在该地区政治上完全没有利害关系。

4. 双方将视本协议书为绝密文件。

《苏、德互不侵犯条约》签订后，1939年9月1日，纳粹德国对波兰实施闪电战，第二次世界大战正式爆发。随后苏联红军也入侵波兰第二共和国，同年9月17日，苏联红军和纳粹德国国防军在布列斯特会师，9月25日，苏、德两军举行联合阅兵式，标志着两国对波兰的瓜分占领。

同时，苏联加紧建立"东方战线"，通过1939年10月至1940年3月的苏芬战争，苏联取得芬兰部分领土，并获得汉科半岛的租借权。1940年7月，立陶宛、拉脱维亚和爱沙尼亚被并入苏联。同年6月，苏联占领罗马尼亚的比萨拉比亚和北布科维纳。东方战线的建立使苏联增加领土46万多平方公里，人口增加2200多万，西部边界向西推进约300~400公里，在一定程度上增加了防御空间，改善了战略地位。

欧洲战争策源地的形成

德国的纳粹分子是发动第二次世界大战的元凶，德国因此成为欧洲的战争策源地。

德国是一战的战败国。根据《凡尔赛和约》，德国丧失了全部海外殖民地，面积约300万平方公里，还被迫交出了面积约占1/4、人口约占1/10的本国领土。和约规定，德国需支付1300亿马克的赔款，同时还要受到很多限制，例如：不得进行战争动员，不得拥有空军，陆军不得拥有重炮和坦克，不准成立军校，军队不得超过10万人，海军不得拥有潜艇，舰只总数不得超过36艘等等。

德国国力虽然受到了很大的削弱和限制，但其垄断资产阶级的统治基础却根本未被触动。统治阶级又将《凡尔赛和约》强加于德国的种种经济负担转嫁到劳动人民身上。和约的苛刻限制，极易伤害民族感情，也很容易借此煽起民族复仇主义。希特勒及其纳粹党上台后，就是利用这种民族情绪，为其侵略和战争政策服务。同时，和约也未能限制住德国的垄断资产阶级。如和约规定不准在国内生产重武器，德国便在国外继续研制，在荷兰制造潜艇，在瑞典制造飞机。就是在德国国内，表面上履行和约规定，暗地里仍然可以秘密地研制重炮和坦克，甚至继续生产化学毒剂。同时还利用发展民间体育组织等办法，保存并有计划地培养军事骨干力量。总之，一战之

后,德国国力尽管被严重地削弱了,然而它的根基未被摧毁,军事和经济潜力仍然存在,一旦条件成熟,就会卷土重来。

1924年1月10日,美国银行家道威斯领导的专家会议在伦敦召开,拟订关于整顿德国的经济和向德国征收赔款的计划,即"道威斯计划"。计划规定给德国大量贷款,第一批贷款为8亿马克,主要是英、美的贷款。"道威斯计划"并未确定德国赔款的总额,却减少了每年的赔款额。这一计划给德国的经济输了血,也给大量外资流入开了路。德国经济开始恢复,到1929年,德国的工业产量在资本主义世界工业总产量中,已超过英国和法国,仅次于美国。1932年正式取消了德国的赔款,这更加有利于德国经济的发展。由于经济力量的复苏重振,德国的垄断资产阶级日益感到战后受压抑的地位与经济力量强大的状况极不相称,于是要求重新分割世界。

1929年至1933年资本主义世界的经济危机,使德国受到的打击较之其他资本主义国家更为严重。德国国内动荡不安,罢工、示威游行不断发生,甚至还出现了武装冲突。德国共产党的力量和威望急速增长。德国垄断资产阶级惊呼,1918年11月革命的"幽灵"又在德国的上空徘徊了。他们认为,只有对内实行法西斯统治,走国民经济军事化的道路,对外实行扩张,用战争手段打垮英国、法国在欧洲的霸权,才能摆脱危机,重新实现德国称霸世界的目的。正是在这种历史条件下,希特勒和他的纳粹党应运而生。1933年1月,希特勒被德国垄断资产阶级捧上了台,当上了德国的总理。

希特勒登上政治舞台,是德国垄断资产阶级重新争夺欧洲和世界霸权的一个重大决策,也是德国成为欧洲战争策源地的一个重要标志。希特勒上台后,立即实行法西斯的极权政治,血腥镇压德国共产党和劳动人民,疯狂推行侵略政策和战争政策,大力扩军备战,并且制造舆论,准备冒险发动战争。

　　德国为了扩军备战，必须逐步和最终完全摆脱《凡尔赛和约》的束缚。1933 年 10 月，希特勒以要求"军备平等"为理由，宣布退出裁军会议。1934 年 8 月，希特勒秘密下令把陆军限额从 10 万人扩充到 30 万人。1935 年 3 月，正式宣布建立德国空军，德国飞机的产量迅速增加。1935 年 3 月，德国还正式发表了重振军备的宣言。他们一方面制造苏联赤色"威胁"的谎言，表示德国重振军备是为了反对苏联的"威胁"，另一方面又假惺惺地宣称，德国增加军备是为了"维持和平"，并表示，德国的军事力量，"绝不愿为战争上攻击之用"，以取得英、法的支持。与此同时，德国宣布实行国防军法，实行普遍义务兵役制，并将军队和军队中的警察扩编为 12 个军，36 个师，约 50 万人。

　　1935 年 6 月，德国以放弃同英国在海上争夺优势，愿意把德国的海军限制在相当于英国海军力量 35% 的限额之内为诱饵，同英国秘密签订了《英德海军协定》，进一步破坏和约，排除了扩军备战道路上的障碍。

　　1936 年 3 月，希特勒宣布废除《凡尔赛和约》，派兵进入莱茵非军事区。这是一项带有很大风险的行动，因为此时德国实力虽有增强，但希特勒羽毛未丰，尚不足以同英、法第一次世界大战，正如希特勒以后所供认的那样，在进军莱茵区以后的 48 小时，是他一生中最紧张的时刻，如果当时法国人向莱茵区进军，德国只好忍辱撤退。然而，法国对德军进驻非军事区没有采取任何认真的措施,而英国则采取纵容的态度。就这样,希特勒以区区4个旅的兵力探明了英、法的虚实,摸到了底细。德军进占了莱茵非军事区,《凡尔赛和约》所给予德国的限制和束缚也就荡然无存了。同年7月,德国伙同意大利武装干涉西班牙内战。至此,地处欧洲心脏地区的法西斯德国就变成了最危险的世界战争策动者,成为欧洲的战争策源地。

亚洲战争策源地的形成

1929至1933年的经济危机,使日本受到了沉重的打击。早在1920至1921年,日本已发生过一次较小的经济危机。1923年受到东京大地震的破坏,1927年又发生了金融危机。在1929至1933年资本主义经济危机中,日本由于先天不足,资源缺乏,所受到的打击,较之其他国家更加严重。经济危机使日本国内动荡不安。

日本帝国主义为了摆脱经济危机,在政治上实行法西斯独裁统治,在经济上加速国民经济军事化,把国民经济纳入战时经济轨道;在军事上则连续发动侵略战争,企图以武力扩大势力范围。

日本的法西斯组织是在20世纪20年代就已出现。1920年至1929年出现了"国本社"、"一夕会"等120多个法西斯团体;到1936年初,扩增到350多个。日本法西斯团体的大本营就是以垄断财阀为后台的日本军部,许多高级将领都是法西斯组织的重要成员。东条英机、冈村宁次和山下奉文等都是法西斯组织"一夕会"的主要成员。1930年成立的法西斯组织"樱会"的骨干,则是日军参谋本部、陆军省、宪兵队、步兵学校的一批军官。这几个法西斯组织活动猖蹶,竭力鼓吹以"国家主义"来"维新"日本,实行"彻底的大日本主义",在日本人民尤其是军队中大肆灌输法西斯思想,为对外侵略和对内镇压制造舆论和培植法西斯鹰犬。1930年9月,"樱会"制定了政变纲领,鼓吹军备第一,要求尽快建立法西斯军事独裁政权。1930年11月,法西斯分子在东京车站行刺,滨口首相受重伤。1931年3月,"樱会"的一批法西斯分子在前陆军大臣宇垣一成的支持下,阴谋发动政变未遂。1932年5月15日,部分以海军下级军官为核心的少壮军人闯入首相住宅,枪杀了犬养毅首相,同时还袭击了警视厅等机关。事件发生后,军国主

滨口首相

义势力公然要求成立举国一致的军人内阁。1936年2月26日，法西斯势力策动陆军举行军事政变，袭击首相和大臣的官邸，大藏大臣、内大臣（负责掌管皇宫内的政务）、教育总监等人被杀。政变分子要求成立军人政府。当天，日本统治集团更换内阁成员，同军阀关系密切的前外相广田弘毅出任首相，组成了以法西斯军阀为核心的新内阁。广田内阁较前届更加变本加厉地推行侵略和战争政策。

日本军国主义者加强法西斯统治和实行经济军事化的目的是为了对外实施侵略扩张，中国是它侵略的第一个目标。1931年9月18日，日军进攻中国东北三省，制造了震惊中外的"九·一八"事变。此后侵略范围不断扩大，发展到1937年7月7日，日军制造"卢沟桥事变"，发动了蓄谋已久的全面侵华战争。就这样，日本逐步成为亚洲战争策源地。

二战先声，中国抗日战争爆发

　　1931年9月18日，日本关东军根据日参谋本部制定的"解决满洲问题方案大纲"对中国东北发动突然袭击，在3个多月的时间里就侵占了东北全境。1937年7月7日，日本在北平卢沟桥制造事端，从而发动全面侵华战争。

"九·一八"事变

　　1927年，日本首相田中义一在给天皇的秘密奏折中叫嚣"唯欲征服支那，必先征服满蒙，如欲征服世界，必先征服支那"。1930年，日本陷入严重的经济危机，工业产值下降，对外贸易减少，失业工人达300万，国内阶级矛盾空前激化。日本反动统治集团为了摆脱自身的困境，积极策划发动一场侵华战争。它一方面加紧扩军备战，进行全国战争总动员；一方面在中国东北蓄意挑起事端，寻找战争借口。

　　1931年7月制造了屠杀中国农民和挑拨中朝关系的万宝山事件。8月又利用日本参谋本部军官中村和随行人员三人非法潜入大兴安岭地区进行间谍活动，被中国军队抓获处死的所谓"中村事件"，诉诸武力，增兵中国东北，悍然发动了侵略中国的战争。

　　1931年9月18日夜晚，日本关东军炸毁了沈阳北郊柳条湖村附近南满铁路的一段路轨，然后贼喊捉贼地诬称中国军队破坏南满铁路，袭击日本守备队，于是向张学良领导的中国东北军驻地北大营和沈阳城发动进攻。对于日本帝国主义的侵略行为，国民党政府早有所闻，但蒋介石命令东北军"不予抵抗、力避冲突"。事变发生后，蒋介石又一再严令东北军"绝对抱不抵抗主义"，"缴械则任其缴械，入占营

张学良

"九·一八" 纪念碑

房即听其侵入"，一切对日交涉，听候中央处理。在日本侵略军的突然袭击和国民党政府不抵抗命令下，数十万东北军不战而溃，军政大员四散逃避。日本侵略军攻城掠地，所向披靡。9月侵占了辽宁、吉林两省，10月占领黑龙江省，接着又建立了傀儡政权满洲国。仅仅3个月，美丽富饶的近百万平方公里土地的东北三省全部沦陷为日本帝国主义的殖民地，3000万东北同胞从此开始了漫长的亡国奴生活。

抗日战争全面爆发

1937年7月7日，日本军队悍然炮轰位于北平城西南16公里处的卢沟桥，驻守卢沟桥阵地的中国军队奋起抵抗，日本的全面侵华战争和中国的全民族抗战就从这里开始。

日本选择这一时刻起事还因为，日军占领东北之后就加紧进行的全面侵华战争的准备到这时已经就绪；同时，这一时期英、美等国正忙于应付希特勒在欧洲引起的紧张局势，中国内部抗日民族统一次世界大战线还未正式形成，这种背景使日本认为有机可乘。日本选择在卢沟桥这一地点起事是因为，在此之前，日军已经占领东北和武装监视、支配着华北，全面侵华战争势必利用这一有利的战略地理条件首先占领华北的政治、经济、交通中心城市北平。而此时的北平，东面是日本卵翼下的冀东防共自治政府，北面和西北面是日本豢养的察北伪蒙军，只有西南面尚为中国军队驻守，而卢沟桥又为接连北平、通往南方的唯一要道，这样，日本起事最理想的地点就莫过于卢沟桥了。事实上，自1937年4月起，日本军队就经常在卢沟桥附近进行军事演习，6月以后，日本军队的军事活动更加频繁，事变已不可避免。也就在6月间，日本东京透露："7月7日深夜会在华北重演柳条湖事件"。

果然，1937年7月7日夜11时左右，日本"华北驻屯军"河边正三旅团第一联队三大队八中队举行的军事演习即将结束时，以仿佛听到宛平城发枪数响，致使一名士兵失踪为借口，要求进入宛平城搜查。这一事先精心策划的借口被驻守卢沟桥的中国军队29军37师219团拒绝。正交涉间，日本军队向宛平城射击，继而炮轰卢沟桥，219团忍无可忍，抱着与卢沟桥共存亡的决心奋起抵抗。卢沟桥事变就这样爆发了。

事变发生后，日本政府即以全面战争的姿态进行紧张的军事和外交活动。7月11日，日本内阁召开会议，发出"派兵华北的声明"；12日，日本"华北驻屯军"司令官命令所属部队"做好适应全面对华作战的准备"；17日，日本政府召集五相会议，决定向中国境内增兵40万，日本"关东军"参谋部亦竭力支持"华北驻屯军"把事变"彻底地扩大下去"。这样，大批日本军队、飞机、大炮、坦克等战争装备即由日本本土和日本占领下的朝鲜、中国东北源源不断地运到华北平津一带。26日，日本军队完成了对平津的最后包围。日本政府在加紧军事行动的同时，却在外交宣传上宣称"卢沟桥事变"可以"局部解决"，日本政府不打算"扩大事态"等等，以欺骗世界舆论，麻痹国民党政府，争取战争的时间。7月26日，日本军队向中国军队29军发出撤离阵地的最后通牒，同时猛攻29军阵地，29日占领北平，30日攻陷天津，接着

蒋介石发表"庐山讲话"

以平津为新的战争基地向中国内地展开全面进攻。卢沟桥事变终于推演成日本全面侵华战争的起点。

事变爆发后，7月8日，中国共产党向全国发出了《为日军进攻卢沟桥通电》号召"全中国同胞、政府与军队团结起来，筑成民族统第一次世界大

15

保卫卢沟桥

战线的坚固长城，抵抗日寇的侵略"，"驱逐日寇出中国"！长辛店工人、战地农民和北平各界民众当即以各种形式支援卢沟桥中国守军的抗战。同期，国民党政府也做出了一些积极的反应，7月8日，向日本政府提出口头抗议，10日，提出正式抗议，并开始向华北调动军队。16日，向英、美、法、意、德、俄、荷、比各国政府发出备忘录，揭露日本破坏九国公约的行为。17日，蒋介石发表"庐山谈话"，确定了准备抗战的方针。

8月14日，国民党政府发表了《国民政府自卫抗战声明书》，宣布"实行自卫"，并开始组织各地抗战。七七事变遂发展成为中国全面抗战的开端。

平型关大捷，摧毁日本不可战胜的神话

八路军改编完成以后，立即于8月底9月初开赴华北战场，担负配合正面战场的作战任务。此时，日军前锋刚进入山西，国民党军队正准备忻口会战。平型关战斗就打响在忻口会战前夕。

平型关，位于山西繁峙县东北边境，地形险要，为晋北交通要冲。9月23日，从怀来出发、沿怀来至太原公路南下的日军华北方面军第五师团第21旅团占领灵丘，准备经平型关继续南下，与大同南下的日军会合，进攻太原。

八路军115师获悉日军这第一次世界大战略意图和行军路线之后，决定利用平型关的险要地形，出敌不意地打一场伏击围歼战。

9月24日夜，115师冒着大雨进入平型关至东河南镇约10余里长的公

16

路两侧山上埋伏。第二天拂晓，天气转晴，日军第五师团第21旅团4000余人，100余辆汽车在前，200多辆大车在中间，少数骑兵殿后，连成一线沿着公路向平型

平型关战役

关前进。由于日军攻占平津后未受到中国军队的有力打击，故警戒松弛。晨6时许，日军全部进入到115师伏击圈，115师居高临下突然发起攻击，日军不知所措，乱成一团，被击毁的汽车、马车把道路堵塞，兵力无法展开，伤亡惨重。接着，115师迅速将日军分割包围，日军虽然经过顽固抵抗，终于各个就歼于伏击圈中。

平型关战斗计歼敌1000多人，毁敌汽车100多辆、大车200余辆，缴获了大批枪弹、大炮、战马和军需用品，其中仅军大衣就足够115师每人一件。

平型关战斗是八路军出师后的第一次大胜仗，也是抗战以来中国军队的第一次大胜仗。这次战斗的胜利，打破了日军直取太原的军事计划，直接援助了国民党军队正在准备的忻口会战；这次战斗的胜利，打击了日军骄横跋扈的气焰，粉碎了"日军不可战胜"的神话，从而极大地振奋了全国人心，鼓舞了全国军民的抗战热情，增强了全国军民抗战必胜的信心。

闪击波兰，二战爆发

1939年4月3日，希特勒剑锋直指波兰。在第一次世界大战德国战败后，但泽被划归波兰，通往波罗的海的"波兰走廊"将原本连成一片的德国领土分成了两块，位于"波兰走廊"之东的东普鲁士成了远离德国本土的"孤岛"。因此，德国人一直对失去但泽和"波兰走廊"地区耿耿于怀。希特勒上台后，便发誓要报仇。第二次世界大战一触即发。

战前双方准备

在闪击波兰的作战之前，德军做了非常详尽的准备。德军统帅部计划以快速兵团和强大的空军实施突然袭击，闪电般摧毁波军防线，占领波兰西部和南部工业区，继而长驱直入波兰腹地，围歼各个孤立的波兰军团，力求在半个月内结束战争，然后回师增援可能遭到英、法进攻的西线。德

二战时的德国坦克

军共集中了62个师、88.6万人、2800辆坦克、1939架飞机、6000门火炮和迫击炮，组成了南路和北路两个集团军群。南路集团军群由陆军一级上将伦德施泰特指挥，下辖布拉斯科维兹上将的第8集团军、赖歇瑙上将的第10集团军和利斯特上将的第14集团军，共8个步兵军和4个装甲军。其任务是首先歼灭西里西亚地区的波军集团，而后从西南方向迂回到华沙；北路集团军群由陆军一

波兰军队前线指挥所

级上将包克指挥，下辖屈希勒尔上将的第3集团军和克鲁格上将的第4集团军，共5个步兵军和1个装甲军。其任务是首先切断"波兰走廊"，彻底围歼集结在这里的波军集团，而后从东普鲁士南下，从背面攻击维斯瓦河上的波军，并从东北方向迂回到华沙。

波军统帅部也制订了代号为"西方计划"的对德作战计划，该计划规定：如果德国进攻波兰，乘德军主力尚未东调之际，波军首先向北进攻，夺取德国的东普鲁士，以消除北方威胁，在西部和西南边境采取守势，阻止德军的进攻，等待英、法在西线发起攻击，东西夹击，打败德国。为此，波军共动员了40个师和22个旅、870辆轻型坦克、824架飞机和4300门火炮，组成了波莫瑞、莫德林、波兹南、罗兹、克拉可夫、喀尔巴阡、纳雷夫7个集团军，沿北部边境部署了2个集团军，沿西和西南部边境部署了4个集团军，另外1个集团军作为预备队部署在维斯瓦河以东地区。

1939年8月23日，德国与苏联签订了《苏、德互不侵犯条约》，并达成了共同瓜分波兰的秘密议定书。希特勒得到苏联的一纸保证后，当即下令于26日凌晨4时30分发起攻击。但到了25日夜间，攻击令却被突然取消了，一些提前开动的部队又被召了回来。原来英、波两国于25日正式签订了互助协定，意大利拒绝站在德国一边参加战争。鉴于这种情况，德国外交部长里宾特洛甫建议希特勒收回进攻命令，以便争取时间，对局势重新考虑。战争暂时没有发生。到了8月31日，希特勒下定决心破釜沉舟，下达了第一号作战指令，命令德军于9月1日凌晨发起攻击。他要求德国军人要有铁一般的意志和决心，速战速决，不给波兰任何喘息的机会。

波兰战争全程

1939年9月1日凌晨4时45分，德军轰炸机群呼啸着飞向波兰境内，目标是波兰的部队、军火库、机场、铁路、公路和桥梁。几分钟后波兰人便第一次尝到了人类历史上规模最大的来自空中的突然袭击与毁灭的滋味。

二战时德军飞机

边境上万炮齐鸣，炮弹如雨般倾泻到波军阵地上。约1小时后，德军地面部队从北、西、西南三面发起了全线进攻。同时，停泊在但泽港外伪装成友好访问的德国战舰"霍尔斯坦"号也突然向波军基地开炮。波军猝不及防，500架一线飞机没来得及起飞就被炸毁在机场，无数火炮、汽车及其他辎重来不及撤退即被摧毁，交通枢纽和指挥中心遭到破坏，部队陷入一片混乱。德军趁势以装甲部队和摩托化部队为前导，很快从几个主要地段突破了波军防线。

当天上午10时，希特勒向国会宣布，帝国军队已攻入波兰，德国进入战争状态。他宣称，"从现在起，我只是德意志帝国的一名军人，我又穿上这身对我来说最为神圣、最为宝贵的军服。在最后的胜利到来之前，我决不脱下这身军服，要不就以身殉国"。希特勒的演说激起了议员们一阵阵狂热的欢呼。

9月3日上午9时，英国向德国发出最后通牒，要求德国在上午11时之前，做出停战的保证，否则英国即将向德国宣战。据希特勒的译员希米德回忆，当希特勒接到英国的最后通牒时，沉默静坐不动。而戈林则回过头来对他说："如果我们输掉了这场战争，那么上帝应该会饶恕我们。"正午时，法国也向德国发出类似的最后通牒，其期限为下午5时。德国对英、法两国的最后通牒，均置之不理。于是，英、法两国相继对德宣战，第二次世界大战全面爆发。当晚，希特勒将他的办公地点从柏林的总理府移到了"亚美尼亚"号火车专列上，乘车去前线视察，并在火车上处理东线和西线的战事。

德军突破波军防线，以每天50至60公里的速度向波兰腹地突进。伦斯德的南路集团军群以赖歇瑙的第10集团军为中路主力，以利斯特的第14集团军为右翼，在左翼布拉斯科维兹的第8集团军掩护下，从西面和西南面向维斯瓦河中游挺进；包克的北路集团军群以克鲁格的第4集团军为主力, 向东直插"波兰走廊", 另以屈希勒尔的第 3 集团军从东普鲁士向南直扑华沙及华沙后方的布格河。

德国装甲兵创始人古德里安成功地实践了他的装甲兵理论, 率领第 19 装甲军取得了辉煌的胜利。第 19 装甲军隶属北路集团军群第 4 集团军, 辖有 1 个装甲师、2 个摩托化师和 1 个步兵师。它既是第 4 集团军的中路, 又是集团军的攻击前锋。开战后, 古德里安率部迅速突破波兰边境防线, 9 月 1 日晚渡过布拉希河, 9 月 3 日推进至维斯瓦河一线, 完成了对"波兰走廊"地区波军"波莫瑞"集团军的合围。

9 月 4 日, 波军"波莫瑞"集团军的 3 个步兵师和 1 个骑兵旅全部被歼灭, 古德里安指挥的 4 个师一共只死亡 150 人, 伤 700 人。第二天, 希特勒来到第 19 装甲军视察, 古德里安在向希特勒谈论这次作战的主要经验时说:"波兰人的勇敢和坚强是不可低估的, 甚至是令人吃惊的。但在这次战役中我们的损失之所以会这样小, 完全是因为我们的坦克发挥了高度威力的缘故。"古德里安对于坦克集群的结论, 给希特勒留下了深刻的印象。

德军闪电式的进攻使波军完全陷入了被动挨打的境地。波军统帅部原以为战争会像以往那样缓慢地展开, 德军会先以轻骑兵进行前卫活动, 然后以重骑兵进行冲击, 对德军大量使用坦克和航空兵的"闪击战"毫无准备。波兰军队统帅部对自己的军事力量过于自信, 并指望英、法的援助, 因此把部队全部部署在德波边境, 以为只要实施坚决的反击, 就可以取得胜利。这种毫无进退伸缩弹性的部署, 使波军在德军高速度大纵深的推进下不是被歼灭就是被分割包围, 成为留在德军后面的孤军, 抵抗迅速土崩瓦解。

英、法在西线陈兵百万, 按兵不动, 宣而不战。9 月 6 日, 波军总司令斯密格莱·利兹元帅下令所有部队撤至维斯瓦河以东,

德军装甲部队进入波兰街区

波兰骑兵与德国坦克的较量

组成维斯瓦河—桑河线。波兰政府当日仓皇撤离华沙迁往卢布林。大局已基本确定。

冯·伏尔曼上校对希特勒说："接下来的只不过是打一只兔子，从军事角度看,战争已经结束。"9月7日,伦斯德的南路集团军群重创波军"罗兹"和"克拉科夫"两集团军,占领了波兰工业中心罗兹和第二大城市克拉科夫,其中路第10集团军的前锋霍普勒的第16装甲军于9月8进抵华沙南郊,从南面切断了"波兹南"集团军退路。包克的北路集团军群全歼了"波莫瑞"集团军并重创"莫德林"集团军,占领了"波兰走廊",随后强渡维斯瓦河,夺占了从北面掩护通往华沙道路上的阵地。

9月8日,北路集团军群所属屈希勒尔的第3集团军和克鲁格的第4集团军从北和西北向华沙方向实施总突击。9月11日,古德里安的第19装甲军渡过纳雷夫河,开始向华沙后方的布格河迅速推进。9月14日,南路集团军群所属赖歇瑙的第10集团军和布拉斯科维兹的第8集团军在维斯瓦河以西一举合围从波兹南和罗兹地区撤退的波军,占领了波兰中部地区,使华沙处于半被合围的状态。至9月15日,古德里安的第19装甲军包围了布列斯特,其第3装甲师和第2摩托化师继续向南推进,以便与南路集团军群的右翼利斯特的第14集团军完成最后的纵深合围。与此同时,第14集团军的前锋克莱斯特的第22装甲军,包围了科沃夫之后继续北进,16日在符活达瓦地区与北路集团军群会师,合围了退集在布格河、桑河与维斯瓦河三角地带的波军。9月17日,德军在完成华沙的合围后,限令华沙当局于12小时内投降。而波兰政府和波军统帅部已于16日越过边界逃往罗马尼亚。

苏联因与波兰签有互不侵犯条约而始终不便动手。波兰政府的出逃,使苏联找到了"体面"出兵波兰的借口。苏联政府宣称:由于波兰政府已经不复存在，因此苏波互不侵犯条约不再有效。"为了保护乌克兰和白俄罗斯少数民族的利益"，苏联决定进驻波兰东部地区。9月17日凌晨，苏联白俄罗斯方面军和乌克兰方面军分别在科瓦廖夫大将和铁木辛哥大将的率领下，越过波兰东部边界向西推进。9月18日，德苏两国军队在布列斯特—力托夫斯克会师。希特勒希望赶紧占领华沙，命令德军必须在9月底之前拿下华沙。

9月25日，德军开始向华沙外围的要塞、据点及重要补给中心进行炮击。随后，德第8集团军开始向华沙发起攻击。9月26日，德国空军开始轰炸华沙。9月27日，华沙守军停止抵抗。9月28日，华沙守军司令向德第8集团军司令布拉斯科维兹上将正式签署了投降书。9月29日，莫德林要塞投降。至10月2日，进行抵抗的最后一个城市格丁尼亚停止抵抗。第二次世界大战爆发后的第一个战役仅用了1个月的时间就结束了。在波德战争中，波军伤亡20万人，被俘40余万人；德军亡1.06万人，伤3.3万人，失踪3400人。

侵入波兰国土的纳粹军车

德军取胜的原因

战争中，德军成功地实施"闪击战"，显示了坦克兵团在航空兵协同下实施大纵深快速突击的威力，这对军事学术的发展产生了深远影响。德国在实施武装力量的动员与展开进攻中，采取了先机制敌的方针。德国预先组建的陆军集团和航空兵集团出其不意实施密集突击，有着显著作用。在战争过程中，坦克和空军显示了巨大的威力。为了冲破对方防御和扩大战果，使用了重兵快速兵团——坦克师、坦克军和摩托化军，与航空兵密切协同作战。德军以快速兵力在纵深对敌实施迂回和合围，这样能扩大提高进攻战役的速度。

苏联和芬兰的冬季战争

苏芬冬战，爆发于1939年11月30日。当时苏联军队入侵芬兰，同年12月14日苏联被国联开除。斯大林希望在1939年结束战斗，但由于芬兰的抵抗，直到1940年3月才签署停战协定，最终芬兰将10%的国土割让给苏联。

战争是怎么发生的

芬兰在1808年被沙皇俄国征服，成为俄国的附属国，在第一次世界大战中，德国作为俄国的对立面一直鼓励芬兰要求独立的斗争。俄国十月革命后，芬兰于1917年12月6日宣布独立。一战后，德国战败，德国扶持的弗里德里希·卡尔没有能成为芬兰国王，但德国和芬兰的关系一直很紧密。

在争取芬兰独立的过程中，芬兰和俄国以及其后的苏联的关系一直很冷淡，苏联支持的芬兰社会主义者起义已经失败，斯大林当时非常担心纳粹德国会进攻苏联，苏芬边界距离列宁格勒只有32公里，他担心芬兰会成为德国进攻的根据地。1932年，苏联和芬兰签署了互不侵犯协定，1934年又进一步确定此协定10年有效。

1938年4月，苏联和芬兰进行外交谈判，希望和芬兰联合抵抗德国，并希望芬兰将列宁格勒外围领土和苏联北方领土交换，以达到保护列宁格勒的目的。但谈判一年也没有实质性进展，这时欧洲的形势

今日美丽的芬兰

已经开始恶化。

1939 年 8 月 23 日，苏联和纳粹德国签订互不侵犯条约，条约中包括一项秘密条款，即在两国之间的东欧国家中划分势力范围，其中将芬兰划归苏联。

苏芬冬战中的芬兰士兵

9 月 1 日德国进攻波兰，苏联随后也在东面出兵，短短几个星期之内，两国瓜分了波兰。

1939 秋季，苏联要求芬兰将边界从列宁格勒后撤 25 公里，并租借汉科半岛 30 年，以建设海军基地，作为交换，苏联割让两倍的卡累利阿领土给芬兰。

然而，汉科半岛却是芬兰防御苏联的天然屏障，苏联此举的动机十分令人怀疑。当时的芬兰政府拒绝了苏联的提议。苏联军队制造了"曼尼拉事件"，宣称芬兰军队炮击曼尼拉村造成苏联士兵的死亡，进而要求芬兰政府赔礼道歉，并将军队后撤 20~25 公里，遭到芬兰政府拒绝。苏联以此为借口废除苏芬互不侵犯条约，11 月 30 日，23 个师共 45 万军队攻入芬兰边界，迅速抵达曼诺海姆防线。

1939 年 12 月 1 日，苏联扶持建立了一个傀儡政府，即以库西宁为首的"芬兰人民共和国"政府，希望借此煽动芬兰军队中的社会主义者反叛，但没有成功，这个共和国只存在到 1940 年 3 月 12 日，后来并入到苏联卡累利阿加盟共和国中去了。

作战的双方

双方交战的 1939 年冬天，温度低达 −40℃，芬兰的机动部队当时只有 18 万人，实行游击战，芬兰的滑雪部队身披白色伪装服可以在雪地中迅速运动，并使用在西班牙内战中发明的石油炸弹。芬兰部队经常袭击苏联军队的食堂和篝火旁的士兵，游击战取得了很大的成功。

苏联装甲部队

当时苏联军官非常傲慢，自以为很快就能取得胜利，据说当时苏联军队甚至手挽手唱着国歌向芬兰战线挺进。在大清洗中，苏联军官有80%被撤换，新上来的都是忠于斯大林而不懂指挥战争的人，斯大林用政委监督军事长官，只是按照书本指挥战斗，苏联军队许多败仗都是由于指挥不当造成的。

苏联军队也没有做冬季在森林中战斗的准备，大量使用的车辆必须24小时不熄火才能保证油料不会冻住。苏联第44步兵师（约2.5万人）进入森林后被芬兰第9师（约6000人）分割包围歼灭，造成大约2.3万人战死，而芬兰方面只损失约800人，并缴获43辆坦克、71架高射炮、29门反坦克炮、260辆卡车和1170匹马以及许多轻武器和给养。

苏联决策人员傲慢无知，没能在战争开始时就投入决定性力量：芬兰在主要战场上集中了13万人和500门炮，而苏联只投入了20万人和900门炮，虽然有1000辆坦克，但没有好好运用，反而损失惨重。

芬兰的装备不足，在开始时只有受过基本训练的士兵有军服和枪支，其他参战人员只能自己在衣服上佩带军人标志，尽量使用缴获的武器。这是因为由于苏联军队一开始领导不力、训练不足，大量武器才能落入芬兰人手中。

参加冬季战争的苏联军队主要由南方的部队组成，斯大林不信任当时在苏芬边界的部队，因为他们可能和芬兰人有亲戚关系或有共同的文化历史，但南方的部队不适应芬兰的寒冷冬季和森林中的战斗。当时，绝大部分芬兰人还生活在农村，他们自己的御寒衣物已经足以使他们在严冬中战斗，而当年的冬季是芬兰历史上有记录的最寒冷的三个冬季之一。

芬兰空军的规模远小于苏联空军，不过其训练扎实，要求标准很高，飞行员与其他国家之间的交流很普遍。芬兰空军在这个阶段已经开始使用四机编队作为他们空战的基本编制。这种编队和德国在西班牙内战时期发展出来的战术编组的基本概念是相似的。四架飞机当中以两架为小队进行战斗，通常是由较为资深的飞行员担任小队的长机，在战斗中居于主导的地位，另外一架由较为资浅的飞行员操作，负责掩护和伺机攻击敌机。这种战术编队到了第二次世界大战时期逐渐被各国采用，并且成为现代战斗机作战编队的基础。

苏联空军当时还是沿习采用自第一次世界大战以来的三机编队战术，无论是在飞行员个别的训练、编队间的默契以及作战的经验上都远不如芬兰，有不少报告指出三机编队中的僚机有的时候无论有没有目标，都会随着长机开火，形成浪费弹药的情况。负责支援的战斗机有的时候还会丢下同伴，脱离作战空域。

由于苏联空军训练差，使得苏联空军虽然数量大于芬兰空军，然而在作战效果上远不如芬兰空军的表现，导致苏联空军损失惨重，对芬兰境内目标的轰炸效果也非常有限。

芬兰军队在雪地里组织反击

战场上的掩体遗迹

国外支援

苏联的行为是明显的侵略，这引起许多外国团体的不满，它们纷纷送来物资和药品援助芬兰，在美国和加拿大的芬兰移民，有许多回来参加战斗。在战斗期间共有1010名丹麦志愿者、895位挪威志愿者、372名英国志愿者、346位芬兰在外国的移民和210位来自其他国家的志愿者参加了战斗。还有许多外国记者来芬兰做战地报道。

瑞典当时并非是中立国，只是声称为"不结盟国家"，但也支援芬兰军事物资和现金，并有8700位瑞典志愿者准备到芬兰参加战斗，其中包括1支空军部队，12架战斗机、5架轰炸机和8架后勤飞机，占当时瑞典空军的1/3，还有900位地勤人员和工程师，他们放弃了瑞典军衔到芬兰参战。瑞典志愿军有8402人在2月中旬参加了战斗，其中33人战死，可以说，当时的瑞典为芬兰做出了贡献。

和平协议的迅速达成

1940年2月，同盟国决定援助芬兰。同盟国准备了10万英国军队和3万多法国军队，只要芬兰政府提出要求，这些部队就可在挪威北部登陆，再穿过瑞典进入芬兰。3月2日，英国正式向挪威和瑞典政府提出要求，希望这两个中立国加入同盟国一方。但1939年12月时，希特勒已经向瑞典政府照会，说如果同盟国军队踏上瑞典国土一步，就意味着德国立即要进攻瑞典。

当时瑞典和挪威政府都没有同意同盟国的要求，战后透露的文件证实，其实同盟国根本无意和苏联交火，只是想借此占领挪威北部的铁矿，以阻断德国的战略物资来源而已。

瑞典拒绝了同盟国军队入境的要求，也拒绝了芬兰希望瑞典正规军参加战斗的要求，同时明确表示不能进一步对芬兰援助了。现在芬兰已经处于两难地步，同盟国希望战争继续拖下去，瑞典却希望尽快结束战争，因为害怕会殃及池鱼。德国也希望尽快结束战争。

各国都敦促芬兰，英、法答应送来2万人部队，德国和瑞典希望答应和平条件，由于芬兰军队指挥官对战争局势的发展比较悲观，所以芬兰政府下决心在2月29日开始和平谈判。

得到芬兰准备谈判的消息，英、法又答应派来5万人部队，但实际上只有6000人准备援助芬兰，其余的人是准备夺取挪威铁矿和港口的。情报到达苏联决策部门，苏联决策层也很着急，便促使了和平协议的迅速达成。

不得不停战

冬季快结束时，德国敦促芬兰尽快和苏联谈判，苏联也损失惨重，又在国际社会中受到孤立。1940年2月12日，芬兰收到和平协议草案，不仅德国，瑞典也希望战争尽早结束以免受到波及，瑞典国王古斯塔夫五世公开宣称不再给予芬兰军事援助。

2月底，芬兰的军事物资几乎消耗殆尽，苏联也已经攻破曼诺海姆防线。2月29日，芬兰政府同意谈判，3月5日，苏联军队又挺进10～15公

苏联为了获得卡累利阿不得不付出高昂的代价

苏芬冬战中苏军损失惨重，图为被冻僵的苏军尸体

里，逼近维堡郊区，芬兰政府要求停战，但苏联军队一直到3月12日协定签字才停止军队进攻。

这次战争中苏联红军损失惨重，4.8万人阵亡，27万人失踪。芬兰方面22830人阵亡。芬兰老兵当时夸口说一名芬兰士兵倒下去，要换取10名苏联士兵的生命。此外苏联还丧失了2000辆坦克。但苏联的将军说在这次战争中"我们获得了足够埋葬阵亡将士们的土地"。

这场战争中芬兰丧失了拉多加湖周围的土地，苏联为列宁格勒周围获得了一块缓冲地带，但苏联人丧失了国际舆论支持，并暴露了苏军作战能力的缺陷，这为后来希特勒发动进攻苏联的战争增加了胜利的信心。

苏芬和平协定

根据1940年3月12日苏芬和平协定，芬兰丧失了卡累利阿，这包括芬兰第二大城市维堡、芬兰10%的耕地、1/5的工业产值、222000居民。占芬兰总人口12%的人丧失了家园被遣送，只有极少量人选择留下加入苏联籍。

芬兰还割让了巴伦支海上的里巴奇半岛、芬兰湾中4个岛屿、部分萨拉区域。并将汉科半岛租借给苏联作为海军基地，租借期30年。

这个协议对于芬兰来说是非常残酷的，仅仅过了1年，芬兰就又在德国支持下和苏联爆发了持续的战争。

1940年3月12日的苏芬和平协议阻止了英、法联军通过挪威向芬兰提供援助，也刺激了纳粹德国于当年4月9日进攻丹麦和挪威。

苏联军队在冬季战争中的表现，使斯大林领悟到运用政治手段控制军队无法加强军队的战斗力，战争过后，他重新起用有能力的军事指挥官，并加强军队现代化。这些改变，对后来抵抗纳粹德国起了很大的作用。

德国入侵法国

　　1940 年 5 月 10 日，德军在西线对法国展开全面进攻。战争的结果令人感叹，一个 100 多年来以自由、平等、博爱著称的共和国，一个居世界第二位的殖民大帝国——法国，在短短 46 天毁于一旦，落入了法西斯独裁者之手。

战争正在酝酿

　　德国为实现入侵西欧的目的，保障它的侧翼安全，决定首先进攻北欧各国。在占领丹麦并在挪威取得决定性的胜利后，德军认为实施"黄色方案"的时机已经成熟。到 1940 年 5 月初，德军已在北海至瑞士一线集结和展开了 136 个师，坦克 3000 多辆，飞机 4500 架，企图以"A"、"B"、"C" 3 个集团军群，一举吞并荷兰、比利时、卢森堡，现在又要攻占法国。

　　德国的魔爪准备伸向西欧之时，法国却认为德国打败波兰后，将东侵苏联，即使进攻法国的话，也需在 4～5 年以后。荷、比、卢三国认为，只要严守中立，就可免遭战祸。因此，直到 1940 年 3 月，盟军才嗅出战争的气味，在法军总参谋长和英、法盟军总司令甘末林主持下，仓促制订了代号为"D"的作战计划，准备抗击入侵之敌。

马其诺防线外部

　　1940 年 5 月 10 日，德军在西线发动全面进攻。在德军发动全面攻势以前，法、德双方的军事力量对比不相上下，都集结了几乎相等的约 200 万兵力：德国 157 个在第一线的师中，有 135 个师在西线。而英、法盟军方面，则

马其诺防线的内部

有 96 个法国师、10 个英国师、22 个比利时师、9 个荷兰师, 盟国还略占优势。法国与盟军一起, 有可能利用战机, 变被动为主动, 转入进攻的局面。可是, 他们错误地判断了德军的攻势, 把主要兵力部署在战略上的次要地区。在面对瑞士、莱茵河以及马其诺防线一带, 驻有 32 个师和相当于 10 个要塞师的兵力。他们视 "马其诺" 为固若金汤的防线。往北, 则是森林绵亘、峰峦峻峭的阿登山脉, 他们认为德军的现代化坦克无法通过。他们视宽阔的马斯河为 "天然的防线", 认为只要依靠它, 就万无一失。因此, 在阿登—马斯河这道屏障后面, 防守薄弱, 装备不足。在中部 95 英里长的防线上, 只驻有第二、第九两个军的 16 个步兵师和骑兵师, 其中有 4 个是战斗力较差的师, 2 个师没配备反坦克炮。第二军只有三个坦克营, 第九军只拥有 20 架歼击机。然而, 德军在同一防区却拥有 13 个坦克师、300 架中型轰炸机、200架俯冲式轰炸机和 200 架歼击机。在法比交界的旷野处, 法国统帅部认为这里是德军进攻的战略重点, 便驻扎第一集团军的 39 个师, 其中 3 个摩托化师、3 个轻机械化师。英军也保持 23 个师预备队和 3 个装甲师, 只要比利时国王邀请, 即可深入比、荷境内作战。当然, 法国统帅部也并不是完全否认德军经过阿登进攻的可能性, 但他们认为那只是德军在比利时被打败后, 才有可能这样做。可以说, 法军的战略是建立在这一假设上的。

突破马其诺防线

1940 年 5 月 14 日, 德军部队快速通过阿登地区, 强渡马斯河, 重创了盟军，并占领了法国的色当。16日，英国首相丘吉尔急忙飞往巴黎商讨对策。当他询问甘末林战略预备队在哪里时，这位盟军总司令耸了耸肩回答："没有。"

随后，德军继续向西挺进。德军攻占法国北部后，为不使退至松姆河、瓦兹河及埃纳河一线的法军有设防固守的可能，便趁其立足未稳之际，向法国腹地发起了攻击，一举迅速占领法国首都巴黎，德军先攻到马其诺防线的后方，再配合从正面攻击的德军占领马其诺防线，两面德军围歼法军，迅速结束了战争。

整个过程是这样的：6月3日，德军数百架飞机开始空袭法国机场及重要目标，法国失去了制空权，900余架飞机被摧毁。

5日拂晓，德军兵分两路在180公里的正面实施进攻。由于遭法军顽强抵抗，德军推进缓慢。为了增强突击力量，德军投入预备队22个师，于13日在瓦兹河和埃纳河之间，突破法军防线；12日到达巴黎东北的马恩河后继续向纵深发展；迂回巴黎，到马其诺防线后方。

14日，德军"C"集团军群按计划在50公里宽的正面向马其诺防线发起进攻，因法军腹背受敌，其防线很快被突破。德军未经战斗便进入巴黎，

马其诺防线的交叉火力点

德国纳粹秘密处决
法国抵抗者　　轻易地在埃菲尔铁塔上挂起了德国的纳粹军旗。

攻陷巴黎，法国投降

　　1940 年 6 月 9 日时，德军逼近巴黎，巴黎陷入了前所未有的大混乱，次日，法国总理雷诺在内忧外患之下不得不宣布政府撤离巴黎，国防部长魏刚决定巴黎为不设防城市。整个浪漫之都在哭泣，开始了建城历史上最黑暗的岁月。总统逃了，总理带着内阁逃了，议长带着议员逃了，从法国北部向南逃的百姓就有 200 万之多。

　　道路上挤满了难民，法军的调动开始受阻，本来就丧失信心的法军连最后一搏的勇气都逃没了，四处传来德军到来的消息，法军官兵们不是困在原地骂卖国贼，就是成了逃兵做了劫匪。德国人此时可以轻而易举地占领一座人口上万的法国城镇，人群中的法军因为害怕被人们指责而不敢向德军开枪，南部甚至发生了整个城市的妇女出来阻止守城的法国将军的炸桥行动，桥是保住了，可是通向法国的门户打开了！

　　法国政府逃到了康热古古堡，德军迅速逼近此地。英国首相丘吉尔不断地周旋于法国政府的总统、总理和部长之间。政府中的投降派早就知道了法国走向灭亡是不可逆转的趋势。6 月 14 日，政府被迫退到西南部的波尔多市。灰心丧气的雷诺总理不得不在 6 月 16 日向总统勒伦布请辞。总统只能任命贝当为总理。

　　投降派的贝当内阁迅速地开始向希特勒乞降，贝当在广播中要求全国军民"必须停止战斗"。一些爱国将军仍然坚持抗战，他们要战斗到最后一个人，波尔多的男人们情不自禁地流下了痛苦的眼泪，那是亡国的哭泣！

　　在几番接触之后，6月21日，法国代表魏刚来到了停在贡比涅森林中的福煦的专列，1918年11月正是在这里，德国签署了投降书，如今，历史和法国人开了个玩笑，当年正是魏刚奉福煦元帅之命，在这列火车上向德国人宣读了协约国的停战条件。6月25日，法、德停战协定正式生效，法兰西沦于纳粹德国的铁蹄之下，"新秩序"的建设者贝当把这一天定为法国哀悼日。法兰西这个世界上响当当的大国在短短46天里就投降了，这使世界各国震惊！

德军占领法国，图为德军通过巴黎凯旋门

敦刻尔克大撤退

由于法国被攻陷，40 万英、法联军有被德国歼的危险，于是英国展开了敦刻尔克大撤退。敦刻尔克大撤退是历史上最大规模的军事撤退行动，英国利用各种船只撤出大量的英、法部队。这次大规模的撤退行动成功挽救了大量的英、法军事力量，为后来的同盟国的大反攻保存了有生力量。

撤退的历史背景

早在 1939 年 9 月，德国军队对波兰发动了进攻，第二次世界大战爆发。其后英国和法国被迫对德国宣战，但实际上英、法联军只是躲在马其诺防线后，没有对波兰进行有效的军事支援。9 月 27 日，德军占领华沙，波兰完全沦陷。在此期间，英、法两国只是对德国在外交上予以谴责而已。

1940 年 5 月，德军 136 个师在 3000 多辆坦克引领下，绕过马其诺防线，以 A、B 两个集团军群进攻比利时、荷兰、法国、卢森堡等国。德军的主攻方向是左翼的 A 集团军群，强大的装甲部队，向马其诺防线的北端——曾被视为是坦克无法通过的崎岖而森林密布的阿登山区发动进攻。仅 10 多天时间，德国装甲部队就横贯法国大陆，直插英吉利海峡岸边。北部的联军事实上已经被包围在法国北部的佛兰德地区。5 月 27 日，比利时军队投降，40 万英、法联军开始全部集中向

今日敦刻尔克

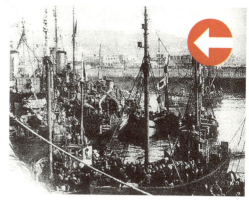

敦刻尔克撤退。而西面的英吉利海峡成为联军绝处逢生的唯一希望。

左图为等待撤退的
英、法联军

右图为敦刻尔克大撤
退使用了各种船只

撤退的原因

当时，德国军队从西、南、东三个方向敦刻尔克步步紧逼，德军最近的坦克离这个港口仅 10 英里。然而，在 1940 年 5 月 24 日，德军却接到了希特勒亲自下达的停止前进的命令。希特勒的这一命令使德军坦克部队的将领们大惑不解，古德里安更是仰天长叹。敦刻尔克唾手可得，却被命令停止前进！而德军空军却没有进攻。很多军事历史学家认为这是希特勒独断专行干涉军事指挥的一个愚蠢的命令。实际上，希特勒下达这一命令是经过考虑的。首先，在法国北部的战事形势明朗后，德军需要为下一步作战行动保存装甲部队实力。而且，戈林向希特勒保证空军可以消灭敦刻尔克的联军。敦刻尔克地势低洼遍布沼泽，不利于装甲部队前进，没有必要让装甲部队遭受损失。德军总司令部曾计划由 B 集团军群统一完成最后包围的作战。其次，联军零碎的反击虽然效果不大，但是加重了部分德军高级指挥官对装甲部队损耗的担心，因为快速突进的装甲部队使步兵部队落后很远。希特勒在走访了 A 集团军群司令部后，认为有必要让突前的装甲部队停止前进，阻挡敌军突围。此外，也有人认为希特勒有政治上的打算，让一部分英军撤回英国，政治上有助于与英国媾和。

这个命令执行的结果是，英、法联军在德军 B 集团军群的压迫下向敦刻尔克撤退，而截断他们退路的 A 集团军群距离敦刻尔克更近，他们却在敦刻尔克以西的运河地区停止进攻，并没有集结兵力沿着海岸包抄，这给了英、法联军一个机会。随后，联军加强了敦刻尔克周边的防御阵地。5 月 27 日，德军装甲部队为阻止英、法联军从敦刻尔克撤退恢复了攻势，但他们面临有组织的防线而无法突破。英、法联军成功地延迟了德军进攻，为部队撤离敦刻尔克赢得了宝贵的时间。

撤退行动始末

1940 年 5 月 20 日，德军装甲部队切断了英、法联军与其南翼法军的联系，英、法联军 3 个集团军约 40 个师被包围在法、比边境的佛兰德地区。随后德军抵达英吉利海峡沿岸，联军被压缩在宽 50 公里的敦刻尔克周边滨海地区。

5 月 20 日当天，英国远征军司令戈特勋爵开始提出撤退的可行性。英国开始准备从海上撤退，由海军制订组织撤退的计划，希望每天能撤退 1 万人。5 月 26 日英国海军下令代号为"发电机"的撤退行动。

德国空军猛烈轰炸敦刻尔克，阻止联军撤退，英国海军军舰由于吃水深，无法靠近海滩，撤退速度较慢。到 5 月 27 日，只撤出了 7000 多人。

5 月 28 日，敦刻尔克地区恶劣的天气阻止了德军空袭，近 1.7 万人得以撤离。

英国政府呼吁平民提供任何可用的船只，调集了所有能抽调的军舰和民船，无数业余水手和私人船主也应召而来，他们驾着驳船、货轮、汽艇、渔船，甚至花花绿绿的游艇，还有内河船只，冒着德国飞机、潜艇和大炮的打击，往返穿梭于海峡之间，将一批批联军官兵送回到英国本土。英军使用地面、海上和空中的一切力量来支援这一后撤行动。英军竭尽全力地坚守其东、西侧战线，以保护向海峡沿岸撤退的通道，并加紧开展部队登船工作，各式各样的小船充当摆渡，还将卡车沉入海中，作为海滩延伸入海的登船栈桥。5 月 29 日，撤出 4.7

在游往救援船途中

万人。

　　5月30日，雾气导致能见度降低再次阻止了德军空袭，联军撤出5万多人。5月31日，撤退人数达到6.8万人。

　　敦刻尔克的包围圈逐步缩小，但德军无法阻止联军从海上撤走部队。英国空军为了掩护地面撤退，总共出动了2739架次战斗机进行空中掩护，平均每天出动300架次，有力抗击了德军空袭。6月1日，6万多人撤出。

　　由于德军空袭和逼近敦刻尔克海滩的炮火，从6月2日开始，撤退行动只能利用夜间进行。接下来的3天，联军利用黑夜的掩护每天将2.6万人撤往英国。

敦刻尔克撤军的情景

　　6月4日，德军攻克敦刻尔克。担任后卫任务来不及撤离的4万法国军队被俘。

　　撤退从5月26日开始，至6月4日结束，共历时9天。此次撤军共有33.8万人从敦刻尔克撤到英国，其中英军约21.5万人，法军约9万人，比利时军约3.3万人。英国、法国、比利时和荷兰同时动用各种舰船861艘，其中包括渔船、客轮、游艇和救生艇等小型船只。短短9天时间，这支前所未有的"敦刻尔克舰队"把近34万大军从死亡陷阱中拯救出来，为盟军日后的反攻保存了有生力量，创造了二战史上的一个奇迹。

损失惨重

　　英、法联军士兵在撤退中，将重装备全部丢弃。撤回英国本地后，英、法联军只剩步枪和数百挺机枪等轻武器。在敦刻尔克的海滩上，英、法联军共丢弃了1200门大炮、750门高射炮、500门反坦克炮、6.3万辆汽车、7.5万辆摩托车、700辆坦克、2.1万挺机枪、6400支反坦克枪以及50万吨军用物资。英、法联军有4万余人被俘，还有2.8万余人伤亡。在撤退过程

敦刻尔克撤退时的
场景

中，共出动 861 艘各型船只，有 226 艘英国船和 17 艘法国船被德军炮火击沉。英国空军在掩护撤退过程中，损失飞机 106 架。

名为"兰开斯特里亚号"的豪华游轮被征用为撤退军事运输船，被德军炸沉，死亡至少 3500 名英军士兵。这次海难事故比"泰坦尼克号"死亡人数还多。英国政府事后一直封锁信息，很多年以后才得以解密。

敦刻尔克撤退结束后，英国首相丘吉尔就在下议院发表演讲：我们必须极其小心，不要把这次撤退蒙上胜利的色彩，战争不是靠撤退来取胜的……德国人拼命想击沉海面上数千艘满载战士的船只，但他们被击退了，他们遭到了挫败，我们撤出了远征军！

撤退孕育着胜利

敦刻尔克大撤退中，英军尽管失去了大量的装备和军需物资，但保留下一批经过战争考验的官兵，这是一批纪律严明、训练有素、作战英勇的精锐官兵，四年后在诺曼底登陆的英军中，这些人无疑是绝对的中坚骨干力量。如果英国远征军主力无法撤回英国，那抗击德国入侵的就只剩下童子军了（童子军是英国半军事化的少年组织），以后的战争发展也就难以预料。

敦刻尔克大撤退的伟大意义就在于，英国保留了继续坚持战争的最宝贵的有生力量。正如丘吉尔在 6 月 4 日向议会报告敦刻尔克撤退时所说："我们挫败了德国消灭远征军的企图，这次撤退将孕育着胜利！"

不列颠空战，德国受挫

在德国占领法国后，希特勒便着手对付海峡对面的英国。诱英妥协失败后，希特勒于 1940 年 7 月下达全面入侵英国的"海狮计划"。此次作战需要首先歼灭英国的空中力量，以保障登陆行动的顺利进行，夺取制空权，把占有优势的英国海军赶出英吉利海峡，给入侵扫清道路，并迫使英国屈服。

英国拒绝投降

在与英国隔海相望的西欧沿海各港口，趾高气扬的德军征集了 4000 多艘船只，能运载 50 万军队，大有一气踏平海峡、征服不列颠的势头。面对气势汹汹的纳粹，从伦敦的重重迷雾中传来了新首相丘吉尔斩钉截铁的回答："我们决不投降！"

当时的英国能够用于自卫的兵力只有 26 个师，而且几乎没有什么武器，英国陆军的武器装备差不多都已经丢在了敦刻尔克。英国本土的坦克只有 217 辆。空军也只有 446 架战斗机和 491 架轰炸机，很多飞机机组人员还不齐备。防空部队严重缺乏高射炮兵，装备的火炮只有编制的一半。唯一可以略感安慰的是，英国的海军比德国海军更加强大。

丘吉尔

"海狮计划"

"海狮计划"总的战略意图是：在从拉姆斯格特到怀特岛以西的广阔战线上，进行一次突然的军事行动；以部署在挪威、荷兰、比利时和法国的 3000 架飞机去摧毁英国的防御体系，在空战中消灭英国空军，并用火力压制住英国海军，夺取制空、制海权，然后派25~40个师登陆作战，一举占领英国。

"海狮计划"规定：1940年在8月5日前后开始对英国进行空中攻势，然后根据空中攻势的结果决定登陆日期。"海狮计划"成败的关键将取决于空中战役的结果。希特勒把全部希望寄托在空军司令戈林身上。

希特勒的"海狮作战"计划，是准备用39个师的兵力在宽广的正面上，以奇袭为基础实施登陆，一切准备均应在8月中旬完成。"海狮作战"说起来容易，做起来难。如果单靠德国陆军的力量，他们能在一周内击溃英国软弱无力的陆军，但他们必须渡过由英国占优势的海军日夜守卫的英吉利海峡，且德国陆海军在两栖作战方面既无经验也没受过训练。事实上，除空军司令戈林外，希特勒及其陆海空三军将领们没有一个人对于"海狮作战"是有信心的。

不列颠空战中的德国飞机

"海狮计划"实施

1940年8月13日起，德国空军的目标主要是打击英国航空兵，攻击英国机场、指挥所和雷达站。8月15日，发生了一次大规模的空战。德国轰炸机出动了520架次，战斗机出动了1270架次；英国空军也投入了创纪录的兵力，出动了22个航空中队，共计899架次。空战的结果是，德军损失了76架飞机，英军损失飞机34架。第二天，德军又派来了400架轰炸机和1320架战斗机。到8月18日，德军共损失了367架飞机，而英军损失了213架。8月19至23日，英国上空云层厚密，战斗暂歇。8月24日至9月6日，天气转晴，德军每天出动约1000架次，其中轰炸机出动250至400架次。但是，英国空军并没有像希特勒所希望的那样被歼灭，而是在继续顽强抵抗。

8月23日，天气转好。当晚，德国出动大批飞机，飞过海峡，实施戈林所说的"夜袭"。但由于一个轰炸机中队迷航,将原准备投放到伦敦城外飞机制造厂和油库的炸弹,投到了伦敦市内,8名市民被炸死。英国认为这是德国空军故意干的。于是,英国也决定用同样的手段对德国进行报复。第二天晚上,英国派出3个中队的轰炸机夜袭柏林。当英国轰炸机飞临柏林上空时,遭到德国的强烈对空炮击,英机只盲目地扔下一些炸弹就窜了回去。这次英国夜袭,虽然没给柏林造成多大损失,但给柏林市民带来了心理上的恐惧。3天后的夜晚,英机又两次夜袭柏林,炸死市民7人,炸伤29人。

8月28日夜晚,英国人为了振奋士气和民气,出动了所有能够出动的飞机对柏林进行轰炸,以出出几天来压在胸中的闷气,给德国人一点颜色看。这次英军炸死柏林市民10人,炸伤24人。连续7天,英国空军不间断地夜袭柏林,使柏林的损失逐渐增大,同时也使柏林人的复仇情绪迅速膨胀。希特勒终于被惹火了,他于9月4日下午在柏林体育馆发表演说,声言要对英国进行报复。他发誓"我们一定要把英国的城市夷为平地"!希特勒的讲话获得了柏林人的同声欢呼。9月6日,希特勒取消了不准轰炸英国城市和居民的禁令,命令德国空军对英国伦敦进行大规模的空袭。希特勒还认为:"对于伦敦的攻击,可能会具有决定性,因为若对伦敦有系统地长时间轰炸,则可能使敌人改变其态度,'海狮计划'也许就可以完全不需要了。"

9月7日,戈林亲临英吉利海峡的小城德律奇,组织对英国的大规模空袭。不列颠之战进入第二阶段。当天,黑压压的德军机群飞往英国,疯狂地轰炸伦敦和英国的其他重要城市。仅在两天的轰炸中,就有842名伦敦市民被炸死。不少街区化为

德国飞机猛烈轰炸后,不屈不挠的丘吉尔巡视考文垂教堂

灰烬。英国的大部分兵工厂、发电厂和码头等重要工业设施，都处于瘫痪状态。但英国在遭受到重大的战争创伤后，仍没有屈服的迹象。于是希特勒再次发出"把英国的城市夷为平地"的命令，趁热打铁，决定在9月15日进行大规模的空袭。

希特勒把9月15日定为对英"大规模空袭"的时间后，英国又一次截获了这个"超级"机密。于是，丘吉尔当即召开了国防会议，重新调整了部署和计划，使英国处在了有准备的迎击中。在这段时间里，由于德国空军转而攻击英国城市，使英国空军得到了喘息之机，逐渐从溃败的边缘恢复过来，积蓄了迎击的能力。丘吉尔又向全国发表了广播讲话，进行全民动员。他要

希特勒指挥作战

求英国人民"面对这种危险，我们必须行动起来，给敌人以沉痛打击"。他说："毫无疑问，希特勒是在高速地消耗他的战斗机群。照这样下去，用不了多长时间，德国的空中力量就会自行削弱，其主要力量将丧失殆尽。"

9月15日下午，德空军大举出动，对已被炸得残破不堪的伦敦城实行大规模的空袭。但德机还没进入伦敦上空，数百架英战斗机就迎面扑来。英战斗机不顾德国战斗机的拦截，露出了少有的凶狠，对德轰炸机进行围攻。这些轰炸机在失去保护的情况下，被英战斗机一架一架地击落，只有少数仓皇逃窜。当德国的轰炸机逃去后，英战斗机又扑向德国战斗机。德国战斗机怕受到围攻，急忙掉头往回飞去，但英战斗机紧咬不放，在追击途中又击落了多架德战斗机。就在英国战斗机与德国空军死拼的同时，英国还出动了所有的轰炸机，对德国集结在海峡对岸的舰艇和地面部队、港口和码头实施了猛烈轰炸。这一天成为整个战役中战斗最为激烈紧张的一天，英国空军共击落德机185架，自

己仅损失 26 架。

既然"恐怖攻势"吓不倒英国人，德军从 11 月 14 日起又将空中进攻的重点转向了英国的工业中心。11 月 15 日深夜，飞机工业中心考文垂几乎被夷为平地。之后，一直到 1941 年 2 月中旬，德军又进行了 31 次大规模的轰炸，其中 14 次袭击港口、9 次袭击内地工业城市、8 次袭击伦敦。1941 年 4 月下旬到 5 月初，德军又集

英国皇家空军编队

英国用雕刻纪念不列颠空战

中对伦敦进行了 3 次密集轰炸，投下了创纪录的爆破炸弹。在这之后，对英国的空袭就只是偶尔为之了，不列颠空战终于不了了之。期间，由于德国空军的袭击，英国死亡约 4 万人，受伤 4.6 万人，100 多万栋住宅被炸毁。英国空军损失了 915 架飞机，而德国也损失了 1733 架飞机。

击沉王牌"俾斯麦"号

　　1941年3月为了破坏英国人的海上命脉——大西洋航线,德国海军计划了被命名为"莱茵演习"的大规模海上袭击战。德国海军原计划分成两线出击,驻扎在法国布勒斯特港的"沙恩霍斯特"号和"格耐森诺"号战列巡洋舰将先期出航破坏英国大西洋海上航运,同时吸引调动英国皇家海军舰队主力,之后,最新锐的"俾斯麦"号战列舰也将投入作战,将利用时机突入大西洋执行作战。但是"沙恩霍斯特"号与"格耐森诺"号先后因故障与受伤无法出击,1941年5月19日"俾斯麦"号战列舰与"欧根亲王"号重巡洋舰单独出航执行"莱茵演习"。

"俾斯麦"号是这样被击沉的

"俾斯麦"战列舰
火力强大

　　1941年5月19日,"俾斯麦"号出航的情报被英国海军获得,英军遂加强了戒备。5月24日"俾斯麦"号在丹麦海峡遭到英国海军"胡德"号战列巡洋舰和"威尔士亲王"号战列舰的拦截。在丹麦海峡海战中,双方交火6分钟后,"俾斯麦"号在15000米的距离击中了"胡德"号,"胡德"号弹药库发生爆炸沉没。随后5分钟"威尔士亲王"号受伤退出战斗,在此之前,"俾斯麦"号则被"威尔士亲王"号击伤,导致一个锅炉舱进水航速下降为28节,燃油舱泄漏,水上飞机弹射装置损坏,被迫终止作战行动,驶往法国。英国海军决定调集主力不惜一切代价击沉"俾斯麦"号。当天夜间"胜利"号航空母舰上起飞的鱼雷轰炸机攻击了"俾斯麦"号，一枚鱼雷击中了"俾斯麦"号中部，但爆破威力被其 TDS（鱼雷防御系统）完全吸收，没有造成内舱伤害。"俾斯麦"号曾一度甩掉了英国海军的跟踪，但它 26 日重新被发现，遭到英国海军"皇家方舟"号航空母舰上起飞的"剑鱼"式鱼雷轰炸机的攻击。一枚鱼雷击中了"俾斯麦"号尾部，方向舵被卡死，迫使"俾斯麦"号以螺旋桨速差来保持航向，航速降为 7 节，为英国舰队追击赢得了宝贵的时间。5 月 27 日，以"乔治五世"号和"罗德尼"号为首的英国舰队追上了丧失了操控能力的"俾斯麦"号。经过数小时的激战，10 时 40 分，"俾斯麦"号沉没于距法国布勒斯特港以西 400 海里的水域。在沉没前"俾斯麦"号抵挡住了 90 发左右英国战列舰主炮炮弹和 310 发左右其他炮弹的直接命中（只有 4 发击穿其主装甲带），同时承受了 6 至 8 枚各型鱼雷的打击。"俾斯麦"号自行打开通海阀两小时后沉没。此舰强大的威力和极好的防护性能给英国人留下了深刻印象，被丘吉尔誉为"造舰史上的杰作"。

"俾斯麦"号是什么样的舰

"俾斯麦"号是当时最先进的战船之一，它的技术数据如下：

标准排水量：41700 吨；满载排水量：设计 49400 吨；最大排水量：52900 吨。

尺度：长 251 米，宽 36 米，型深 15 米，设计满载吃水 10.2 米，实际最大吃水 10.7 米。

动力：12 台高压锅炉，3 台蒸汽轮机，设计最大功率 138000 马力，实际稳定最大功率 150 至 170 马力，实际极速最大功率 163026 马力。

航速：30.8 节；载油 7400 吨；续航力：8525 海里 /19 节，9500 海里 /16 节。

武备：8 门双联装 380 毫米 /52 倍径（按英国标准是 48 倍口径）主炮；6 座双联装 150 毫米 /55 倍径副炮；8 座双联装 105 毫米高炮；8 座双联装 37 毫米高炮；2 座四联装、12 座单管 20 毫米高炮。

装甲：主侧舷装甲 320 毫米；双层装甲甲板，上装甲甲板 50 至 80 毫

海战图

米，主装甲甲板 80 至 120 毫米（布置在第三甲板位置，与主舷侧装甲一同重叠在弹道上）；主炮炮塔 130 至 360 毫米，炮座 340 毫米；指挥塔 350 毫米；防雷装甲 45 毫米。防雷系统设计要求抵御 250 千克 TNT 炸药，实际可抵御 300 公里德国 hexanite 烈性炸药。装甲总重 17450 吨（不含炮塔旋转部分），舰体结构总重 11691 吨。

建造材料：舰体结构，St52 造船钢；立面装甲，KCn/A 表面渗碳硬化钢；水平装甲，Wsh 高强度匀质钢；防雷装甲，Ww 高弹性匀质钢。

舰载飞机：4 架阿拉多 −196 型水上飞机（用于侦察、校射与联络）。

舰员：1927 人。全体舰员编为 12 个分队，每个分队 180 至 220 人。

交战双方互有伤亡

英国皇家海军多只战舰与德国军舰"俾斯麦"号交战。"俾斯麦"号在英军复仇的炮火中沉入大西洋底。英国皇家海军虽然报了一箭之仇，但也被"俾斯麦"号击毁了英国舰队的"胡德"号战舰，在这次海战中英国人大约也有 1300 人丧生。

当时"俾斯麦"号舰上 1000 多士兵大部分丧生，这是纳粹海军最惨重的一次挫败。

第二章
战争扩大阶段
（1941 年 6 月 ~ 1942 年 6 月）

　　希特勒在占领法国后即决定入侵苏联，最初把他推向东方的是战略和思想体系方面的原因，但是后来支配他的是一种迫在眉睫的征战意念和经过大肆渲染的对苏联的评估，他宣称，德国人是作为征服者而不是解救者出现的……

　　现在德军军队已成了一部令人生畏的战争机器。两年来攻无不克的胜利磨炼了它的将军、各部队的指挥员、军官和未受军官衔的军士们。

——《剑桥战争史》

莫斯科保卫战

1941年6月22日拂晓，希特勒对苏联展开"闪电战"，剑指苏联首都莫斯科，苏联人民展开莫斯科保卫战。莫斯科保卫战是第二次世界大战时苏联军队对德的第一次重大胜利，大大鼓舞了苏联军民，为后来的斯大林格勒保卫战的胜利起到了榜样作用。

凶狠的"巴巴罗萨"计划

1940年，面对德国日益明显的敌意，斯大林派遣负责外交的莫洛托夫前往柏林，寻求和解。双方表面十分友好，但彼此互不信任，谈判毫无成果。

法国投降后，希特勒称霸西欧大陆。他认为实现他蓄谋已久的计划，即建立法西斯德国在欧洲和全世界霸权的时候已经到来，苏联成了他称霸欧洲和世界的主要障碍。因此，希特勒决定把其战略重心由西方转向东方，把侵略矛头指向苏联。

1940年12月18日，希特勒发布第21号指令，正式下达了代号为"巴巴罗萨"的侵苏计划。

苏联领袖斯大林

面对德军咄咄逼人的气势，苏联并非毫无警觉。但是，考虑到自身应变措施还不够充分，苏联希望尽可能避免或延缓苏、德关系的破裂，以便争取更多的时间进行战争准备。为此，苏联极力表白自己的和平诚意，继续遵照两国贸易协定交货，在报刊广播上驳斥那些预告苏、德之间即将开战的预言。

希特勒见此情景，大为高兴，决定拿出他的看家法宝——"闪电战"。

1941 年 6 月 22 日拂晓，德国动用 190 个师、3500 辆坦克、5000 多架飞机，在从波罗的海到黑海的 1800 公里长的战线上，向苏联大举进攻。

按照希特勒的部署，德军分三路进攻。北路直指十月革命的发祥地——列宁格勒；中路的目标是苏联首都莫斯科；南路则扑向盛产粮食、煤炭和石油的基辅、哈尔科夫和顿巴斯。

斯大林危急中指挥

莫斯科会战中，斯大林始终坐镇首都指挥。1941 年 11 月 7 日，是十月革命胜利 24 周年。莫斯科红场照例举行阅兵式。斯大林威严地站在列宁陵墓前，检阅了红军队伍，并发表了鼓舞人心的演说。这一壮举增强了苏联人民战胜德国法西斯的信心。

战争初期，苏联严重失利。1 个月内，被占领土相当于法国领土的两倍。在经历了短暂的心理震荡之后，苏联迅速采取了一系列有力的措施。1941 年 6 月 30 日成立了以斯大林为首的国

红场阅兵仪式

防委员会，掌握全国政治、经济和军事指挥权；1941 年 8 月 8 日成立了以斯大林为最高统帅的武装部队最高统帅部。在苏联共产党和政府的领导下，苏联军民奋起抵抗法西斯的侵略，逐步摆脱了战争初期的被动局面。

在北方，德军利用优势兵力，于 8 月开始对列宁格勒展开猛烈的围攻。但是，无论是封锁、饥饿、炮击还是轰炸，都无法使列宁格勒人屈服。列宁格勒保卫战坚持了 900 天，以德军损失 30 万兵力、狼狈逃窜而宣告结束。

在中路，苏军在通往莫斯科的要冲斯摩棱斯克会战。斯摩棱斯克于 1

苏军炮兵涉水前进

个多月后失陷，但德军丧失了约25万人，从而为苏军在莫斯科方面组织防御和准备战略预备队赢得了时间。

在南方，1941年7至9月的基辅保卫战和1941年8至10月的敖得萨保卫战，消耗了德军大量的有生力量。希特勒在苏军的沉重打击下只得把全面进攻改为重点进攻。他认为，攻占莫斯科就能瓦解苏联军民的斗志，取得对苏战争的完全胜利。

苏军在斯大林的指挥下采取积极防御的方针，不断进行猛烈的反击，消耗敌人的有生力量。到10月底，德军已疲惫不堪。

莫斯科在险境中

1941年10月2日，德军对莫斯科开始了第一次大规模的进攻。希特勒狂妄地宣称10天要攻下莫斯科。他的宣传部长戈培尔竟令柏林各大报留下10月12日头版重要位置准备登载"特别重要消息"。苏联红军奋力抵抗，莫斯科市民紧急动员。45万人参加修筑首都周围防御工事320多公里，市民纷纷组织国民警卫营、摧毁坦克组、巷战班。10月12日，德军尚未接近市郊。10月14日，德军北面只攻占加里宁城，南面只逼近土拉，中路只攻占波罗的诺，但旋即受阻。

10月15日，苏联政府的部分机构和外国使节迁往古比雪夫。斯大林留在莫斯科，亲自指挥保卫战，10月19日，国防委员会宣布莫斯科戒严，号召首都人民誓死保卫莫斯科。3天之内，全市组织了25个工人营、12万人的民兵师、169个巷战小组。有45万人参加修筑防御工事，其中3/4是妇女。在首都和全国各地支援下，前线军民英勇抗敌，浴血奋战。到10月底，德军被阻止在加里宁—土耳基诺沃—沃洛克拉姆斯克—多罗霍沃—纳罗—佛敏斯克—谢尔普霍夫—阿列克辛一线。希特勒妄图在 10 月占领莫斯科的计划破产了。

1941 年 11 月 7 日，苏军在英勇保卫莫斯科的同时，红场依然进行着阅兵式。斯大林向全国军民发表振奋人心的演说："我们的事业是正义的，胜利一定属于我们！"

再次疯狂进攻莫斯科

1941 年 11 月 15 日，德军向莫斯科发动第二次疯狂进攻。德军 51 个师展开新攻势，企图南北合围，中间突破。红军 3 个方面军顽强抵御，德军先头部队进至距莫斯科 30 公里处。

11 月 23 日，德军占领克林，27 日又占领了离莫斯科仅有 24 公里的伊斯特腊。莫斯科处于德军大炮射程之内，德军用望远镜几乎可以看到克里姆林宫的顶尖，在这千钧一发之际，莫斯科军民誓死保卫首都。

苏军第 316 步兵师（后改名为潘菲洛夫第 8 近卫师），表现了苏军大无畏的革命英雄气概，在阻击德军坦克通向莫斯科的杜波塞科沃要道上，持

油画《莫斯科保卫战》

今日俄罗斯"再现"莫斯科保卫战场景

续战斗4个小时,击毁敌人18辆坦克,为保卫莫斯科,英雄们全部壮烈牺牲。

12月初,莫斯科地区已是寒冬,气温下降到零下20℃至30℃。希特勒对冬季作战毫无准备,德军无棉衣,无保暖设备,飞机和坦克的马达无法发动,枪栓拉不开,武器失灵。而苏军已穿戴上保暖棉衣、皮靴和护耳冬帽,枪炮套上了保暖套,涂上了防冻润滑油。12月6日,苏军从莫斯科南面和北面展开大反攻,不断突破德军防线。

"闪电战"彻底破产

就在希特勒进退两难、一筹莫展之际,苏军以100个师的强大兵力发起反攻。经过40天激烈的战斗,德军向西溃退了150至300公里,损失了50多万人。

1942年初,苏军击溃了进攻莫斯科的德军,毙伤16.8万人,把德军赶离莫斯科100至250公里,取得了莫斯科保卫战的胜利,在1941年德苏战场的整个冬季战役中,德军被击溃50个师,陆军伤亡83万多人,莫斯科保卫战大获全胜。

德军在莫斯科战役中的失败,标志着希特勒"闪电战"的彻底破产。这是德军在第二次世界大战中的第一次大失败。苏军的胜利,极大地鼓舞了苏联人民和全世界人民反法西斯战争的胜利信心,给希特勒的嚣张气焰以沉重打击,增强了苏联人民战胜德国法西斯的信心,强有力地促进了欧洲各国人民的反法西斯斗争,促进了世界反法西斯同盟的形成与发展。

珍珠港海战

　　希特勒进攻苏联的同时，在东方战场上，日本人偷袭了珍珠港。在 1941 年 12 月 7 日清晨，日本海军航空母舰的舰载飞机和微型潜艇突然袭击美国海军太平洋舰队在夏威夷的基地——珍珠港。太平洋战争由此爆发。这次袭击最终将美国卷入第二次世界大战，这是继 19 世纪在墨西哥战争后，第一次有国家对美国领土进行攻击，史称为"珍珠港事件"。

战争爆发原因

　　日本从 1941 年中开始向东南亚的扩张引起了美国的不安，为了给日本一点颜色，美国冻结了对日本的经济贸易，其中重要的是石油，没有石油日本的飞机无法上天，舰艇无法在海中行驶，日本也就无法继续对外扩张。

　　日本储备的石油只能维持半年的时间，日本明白，要么从中国撤兵，停止对外扩张，外交上向美国靠拢；要么南下夺取战略资源，继续加强对外侵略。南洋有美国、英国和荷兰的殖民地，进军南洋就等于向美、英两国宣战。

今日珍珠港

　　珍珠港是太平洋上的主要交通枢纽之一。它在美国西海岸、日本岛、太平洋诸岛群、阿拉斯加和白令海峡之间，而这之间的距离都在 2000 至 3000 海里之间，跨越太平洋南来北往的飞机，都以夏威夷为中转站。

日本认为先在太平洋上夺取制空制海权就意味着南下的道路畅通无阻，这就必须先摧毁珍珠港。于是日本海军大将山本五十六策划了珍珠港突袭。

一个无耻的日子

1941年夏，在一次由日本天皇亲自出席的御前会议上，这个行动正式被批准。11月，在另一次天皇亲自出席的御前会议上，出兵太平洋的决定再被批准。在11月的会议上还决定，只有在美国完全同意日本主要要求的情况下才会放弃这次行动。

袭击珍珠港的目的是为了（至少暂时）消灭美国海军在太平洋上的主力。袭击珍珠港计划的策划者认为一次成功的袭击只能带来1年左右的战略优势。从1941年1月，日本开始计划袭击珍珠港以取得战略优势，经过一些海军内部的讨论和争执后，从年中开始日本海军为这次行动进行严格的训练。

日本计划的一部分是在袭击前（而且必须在袭击前）不能中止与美国的协商。到12月7日为止，日本驻

山本五十六

华盛顿大使馆的外交官一直在与美国外交部进行很广泛的讨论，包括了解美国对日本在1941年夏入侵东南亚的反应。袭击前，日本大使从日本外交部得到了一封很长的电报，并受令在袭击前将它递交给美国。但大使馆人员未能及时解码和打印这篇很长的国书。最后这篇宣战书在袭击后才递交给美国。这个延迟增加了美国对这次袭击的愤怒，它是罗斯福总统将这天称为"一个无耻的日子"的主要原因。

偷袭珍珠港

夏威夷檀香山时间1941年12月7日，周日，早4时，一支庞大的舰队，向南驶去。6艘航空母舰排成了两路纵队，在它们的四角有两艘高速战列舰和两艘重巡洋舰，最外一圈是9艘驱逐舰，在这个钢铁花环最前面引导

的是一艘轻巡洋舰和两艘潜艇。每一艘航空母舰的飞行甲板上，排满了双翼展开、引擎开动的战机。机腹下有的挂着重型炸弹，有的挂着鱼雷。

6时，舰队放慢了行进速度，"赤城"号的舰首缓缓地转向北方，也就是来风的方向，"赤城"号的舰身剧烈地摇晃着，如果在平时所有的训练就将取消。但日军飞行员渊田美津雄中佐知道，今天只要甲板还在水面上，就必须起飞。渊田扶了扶头上的千针带，将油门加到了最大，其97式攻击机顺利升空。而后的15分钟里的49架水平轰炸机、40架鱼雷机、51架俯冲轰炸机和43架零式战斗机共183架飞机从6艘航空母舰上全部升空。机群迅速完成编队，在舰队上空绕飞1周后，像离弦的箭一般扑向了珍珠港。

与此同时，驻华盛顿的日本大使馆中，野村大使正在接收一份东京发来的共14部分的电文，并奉命务必将这份电文在华盛顿时间13时（檀香山时间7时半，预计袭击时间之前半小时）前交给美国政府。电文的最后一部分说明"日本政府对不能通过进一步谈判达成协议而表示遗憾"。

事实上进入20世纪40年代，美、日都发现小小的太平洋已容不下美、日这两艘大船。在外交斡旋的同时，太平洋上已剑拔弩张。美国首先将太平洋舰队移师珍珠港，随后日本联合舰队司令山本五十六大将即制订出袭击珍珠港的计划。为此，日本海军研制了微型潜艇，改装了浅水鱼雷和穿甲

日军偷袭珍珠港

弹,精确地配置了进攻机群,在与珍珠港相近的鹿儿岛进行了严格的训练,采取了封锁式的保密措施,选择了最掩蔽的出击航线。最后,日本人终于发动了这场战争。

飞行员渊田的坐机收话机中传出檀香山电台播放的爵士乐,音乐末了是天气预报,"云低高3500英尺,能见度良好,北风10节"。听罢,渊田脸上露出一丝淡淡的微笑。

1941年12月7日7时02分,美军瓦胡岛最北面的雷达管制员发现有一大群飞机从北边飞来,当他询问了值班的泰勒中尉后,得到的回答是,一定是从西海岸飞来的自己的B-17机群。就这样,珍珠港错过了发现飞机的最后的机会。

7时35分,渊田的飞机第一个到达珍珠港时,港中仍洋溢着周日早晨的平静。辽阔的军港上空,云层稀疏,空中几架民航机在懒洋洋地盘旋着。舰队群在斜射的阳光下显得宁静而安祥。机场上的军用飞机整齐地排放着。渊田打出了一发信号弹,命令机群按照奇袭队形开始展开。

按照袭击计划,将按鱼雷机、水平轰炸机和俯冲轰炸机的顺序进入攻击,首先将袭击舰只。由于云层遮挡,部分飞机没有看到信号,于是渊田又打了一发信号弹。俯冲轰炸机见共发出了两发信号弹,认为是强攻命令,于是,俯冲轰炸机、水平轰炸机和鱼雷机进入强攻。

美军损失惨重

7时55分,俯冲轰炸机首先攻击了瓦胡岛的3个机场,两分钟后,鱼雷机开始进行攻击。第一架鱼雷机首先用机炮将排列在舰队最后的"内华达"号上的舰旗撕碎,接着投下了鱼雷。

这不是演习

最初的几分钟内,美国太平洋舰队中没有人能意识到发

美军战舰被击沉

生了什么事情，等逐渐清醒后，停在舰队最外侧的"西弗吉尼亚"号和"俄克拉荷马"号已各中了2枚鱼雷，后者又接着中了5枚炸弹后，装着400多名官兵倾覆。前者由于及时打开注水阀，慢慢地沉入了水下。"亚利桑纳"号由穿甲弹在舱内爆炸引发了大火，"加利福尼亚"号中了两枚鱼雷后舰上重油库腾起烈焰，并且逐渐下沉。5分钟后，零星的高射炮开始响起，但也是杯水车薪。随后，渊田率领水平轰炸机开始了进攻。他按了一下投弹按钮，入迷地看着他的4颗炸弹以极好的队形像魔鬼一样垂直落下，越来越小，他不知道在下面的人看着这东西越来越大是什么滋味。停在舰队内侧的"马里兰"号周围出现了丛丛的白烟。随后，"田纳西"号以及在船坞中修理的"宾夕法尼亚"号，也各吃了几颗炸弹。

突然，福特岛东侧战列舰队中发生了震天动地的大爆炸。一时浓烟滚滚，火柱高达1000多米，这是火药和炸药爆炸不充分燃烧而特有的红黑相间的烟柱。这是"亚利桑纳"号大火导致弹药库发生了爆炸。在红黑烟雾以及零星的高射炮火中，轰炸机仍在上下翻飞，飞在飘满油层的海面上，弃舰的美军官兵拼命地游向岸边。

日本一艘袖珍潜艇成功地潜入港口内，发射鱼雷没有击中目标，而后被"莫纳汉"号驱逐舰撞沉。

8时10分，另一封明码电报——"珍珠港遭空袭，这不是演习"转到美国海军部，海军部长诺克斯惊道："这不是真的，这一定是指菲律宾。"国务卿赫尔得到这一消息时，衣冠楚楚的野村大使正在接待室中等待着将电文交给赫尔。

8时25分，第一波攻击平息。渊田在空中继续转着圈，计算着战果。而

美军倾覆的"俄克拉荷马"号战舰

在此时，从西海岸飞来的 12 架 B-17 飞机在毁坏的机场上艰难地进行了着陆。

第二攻击波

8 时 40 分，由 78 架俯冲轰炸机、54 架水平轰炸机和 35 架战斗机组成的第二攻击波已在瓦胡岛上空展开完毕。8 时 42 分，167 架飞机冒着越来越猛的炮火开始了进攻。水平轰炸机负责攻击瓦胡岛的机场，俯冲轰炸机继续攻击舰只。两次空袭之间只有少数美国陆军的飞机得以起飞，又全部被日本零式战斗机击落，继第一波攻击之后，日本零式战机继续保持着制空权。

这时珍珠港已经浓烟滚滚，严重妨碍了俯冲轰炸机寻找下面的舰只。99 式俯冲轰炸机都采取了弹幕轰炸的方式，即哪儿的高炮最猛烈，飞机向哪里俯冲。有一架飞机俯冲下去后才发现目标是一座陆上炮塔，又连忙拉起。港内，停在战列舰队末尾的"内华达"号战列舰离开了泊位，它也是整个袭击过程中唯一开动的战列舰，但也因此多吃了不少炸弹。在第二次袭击的最后，轰炸机队炸掉了"犹他"号和其他几艘辅助舰只。

9 时 40 分，第二攻击波大摇大摆地撤离后，渊田又在珍珠港上空盘旋，拍摄着他的胜利成果，而后飞往集结地率领机队返航。渊田的飞机最后一批降落。他强烈要求实施第三次空袭，轰炸油罐场和修理设施。上司认为基本任务已超额完成，不愿再冒更大的风险，而后舰队返航。

日本的战术胜利

珍珠港上空巨大的黑色烟幕，象征着日本的战术胜利和美国的悲剧，但死亡和毁坏并没有结束，美军官兵继续和大火进行着搏斗；小艇躲避着一片片的火海在半水半油的港中搜寻着幸存者；瓦胡岛军医院在奋力抢救数百名烧伤和肢体残缺的水兵；随倾覆的"俄克拉荷马"号沉入港中 400 多名水手中，只有 30 几人得救。

　　不幸中的万幸也只能说是太平洋舰队的两艘航空母舰"企业"号和"列克星敦"号分别于 11 月 28 日和 12 月 5 日出海，向威克岛和中途岛运送飞机。另有 9 艘重型巡洋舰和附属舰只在港外演习。太平洋舰队的另一艘航母"萨拉托加"号在西海岸修理，从而得以幸存。

　　"但不论在不在港内，我们每个人都将永远记住这一时刻。"1941 年 12 月 8 日，美国总统罗斯福在国会发表了其历史性的演说，而后国会通过对日宣战。英国、法国、澳大利亚、加拿大等国也先后对日宣战。11 日，德国对美国宣战，美国完全投入了第二次世界大战，将其强大的国家机器转入了战时的轨道，第二次世界大战也进入一个新的阶段。

美国被迫卷入二战

　　日本就其战略目的而言，对珍珠港的袭击从短期和中期的角度来看是一次胜利，它的结果远远超过了它的计划者最远的设想，在整

美军起火燃烧的
"西弗吉尼亚"号

个战争史上，这样的成果也是很罕见的。在此后的 6 个月中，美国海军在太平洋战场上无足轻重。没有美国太平洋舰队的威胁，日本对其他列强在东南亚的力量可以彻底忽略，此后它占领了整个东南亚、太平洋西南部，它的势力一直扩张到印度洋。

　　这次袭击彻底将美国和它雄厚的工业和服务经济一同卷入了第二次世界大战。

第三次长沙会战详情揭秘

    1941年12月下旬至1942年1月中旬的第三次长沙会战（日方称为第二次长沙作战），是太平洋战争爆发以后，中国战场获得的第一个胜利。就中国战场而言，此战是武汉会战结束以来，中国方面获得的最大战役的胜利。第三次长沙会战打出了中国军队的士气，也被后人津津乐道，但此次战役到底发生了什么？随着军事档案的公开，详情也大白于天下。

双方作战的态势

    日本人于1940年6月枣宜会战（日方称为宜昌作战）的成果，标志着日军在长江流域进攻基本已经达到极限。

日军的兵力概略

    第三次长沙会战距此前的第二次长沙会战，仅2个多月，日军的兵力和部署，与第二次长沙会战没有什么变化，赣北、赣中仍是第34师团、独立第14旅团；鄂南、湘北仍是第3、第40师团。

    1941年11月下旬，中国方面据前方部队及派在日军后方的情报人员称：

日军逼近长沙城

赣北日军又有调动，并且缩小阵地，连西山车站地区都放弃了，在赣江以西及修水以南仅守生米街、牛行、西山、安义、靖安、滩溪等据点。旋又报，湘北日军增加。最初，国民党军队对于这种情况颇为怀疑，认为第二次长沙会战后才2个月，难道日军又要进攻吗？于是再通令各部队，迅速完成作战准备。

国民党军会战的部署

作战准备如下：第19集团军新编第3军在高安、奉新地区，与南昌以西及安义、靖安的日军对峙。所属新编第12师在锦江口、淞湖、高邮市（含）之线占领阵地，师部驻珠湖；第183师主力在大城、赤田、奉新、草坪、肖坊之线（在奉新西北）占领阵地，一部控制于奉新西北地区，师部驻肖坊（在故县西北），军部驻卢家圩（在高安西南）。康景濂纵队仍以九仙汤为根据地，在九岭山区活动。总司令部驻上高附近。

中国军队沿河岸阻击日本军队

第30集团军：主力在澄溪地区，对东北占领阵地，与武宁方面的日军对峙；一部控制修水县城附近。总司令部驻在渣津。

湘鄂赣边区总部所属各部队，以九宫山、大湖山为根据地，在幕阜山地区活动。

第27集团军：第20军主力在南江桥地区占领阵地，与通城方面日军对峙；一部控制于平江以北地区；第58军主力在新墙河南岸占领阵地，与北岸日军对峙；一部在汨罗江口至新墙河口间担任洞庭湖东岸湖防。第37军一部警备长乐街、五公市、新市，主力控制瓮江、蒲塘、栗山巷。第99军担任汨罗江口、营田、湘阴、临资口一线洞庭湖东南倍湖防；主力控制于湘阴以东地区。王翦波、聂聘三、王作楫纵队在通城、崇阳、临湘间地区活动。总司令部驻平江附近。第10军控制长沙、株洲地区。第73军当时驻宁乡、益阳地区为战区预备队。

我方作战最后的修正

根据此前的长沙会战、上高会战，尤其是第二次长沙会战的实际情况，我方对1939年春制订的作战计划做了一些修订。

敌情判断：敌人再次向本战区进犯时，仍有两种可能，一种可能是：以全力由湘北进犯，重点仍保持于其左翼，索取我军右翼包围攻击。另一种可能是：以主力由湘北进犯，其重点指向与上项同；各以一部分由南昌、武宁、通城进犯，策应湘北的作战。

作战方针：战区为诱敌深入后进行决战的目的，是在敌进攻时，以一部兵力由第一线开始逐次抵抗，随时保持我军于外线；当敌进入我预定决战地区时，以全力开始总反攻，包围敌军并歼灭之。

战役全程详解

新墙河地区的战斗

日方的指挥官是阿南惟几。日军第 11 军确定 12 月 22 日前后开始进攻，计划在汨水两岸击歼我守军第 20 军和第 37 军后结束作战。预定作战时间为两星期左右。其进攻的方案为：以第 6、第 3、第 40 师团并列由岳阳以南地区的麻塘、龙湾、簧口一线强渡新墙河，击歼第 20 军后继续向汨水南岸攻击前进，击溃第 37 军后结束作战，返回驻地。

12 月 20 日，日第 6 师团完成了从新墙镇向新墙河下游右岸地区的集结。该师团将主力集结在河岸附近。日第 40 师团由 21 日起陆续进入托坝附近，准备发动攻势。日第 3 师团集结稍晚，大约在 25 日前后集结在上述两师团之间，准备在 25 日晨发动攻势。该师团从武昌经铁路赶赴战场，由于粤汉线火车事故，在 27 日赶到战场。日独立步兵第 65 大队 24 日抵达岳州。

日方指挥官阿南惟几

12 月 24 日，日第 6 师团全部进至新墙河北岸，占领了渡河准备进攻地位。左翼日第 40 师团首先发起进攻，在猛烈的炮火掩护下，于当日 14 时在簧口附近强渡新墙河。徒涉过河时遭到我守军第 134 师的坚决抗击。

日军傍晚时渡过新墙河，突破守军阵地，向潼溪街攻击前进。

国民党军第 27 集团军急令第 58 军的新 11 师由黄崖市向杨林街前进，由东向西侧击敌人，策应第 20 军的作战。第 134 师右翼方山洞附近的部队亦向南撤退，与主力靠拢，参加战斗。

日军右翼第 6 师团于 24 日傍晚开始进攻，当夜强渡新墙河后突破我守军第 133 师阵地，攻占了新墙、七步塘等据点。我第 133 师除留置一部兵力守备纵深内各据点外，主力向南岳庙、洪桥以南转移；我第 134 师退守十步桥东西之线。

25 日晨，日军第 3 师团随第 6 师团之后徒涉过新墙河，从右翼投入战斗，沿粤汉路东侧攻击前进。此时，我守军第 58 军的新 11 师由杨林街附近向日军第 40 师团右侧后攻击，我第 58 军的新 10 师亦进至胡少保附近。激战至晚，日军进至黄沙街、大荆街、三江口、关王桥以北一带。我守卫傅家冲、洪桥两据点的第 398 团第 2、第 3 营依托工事顽强抗击，曾数次击退日军的冲击，但终因兵力悬殊，第 2 营营长王超奎和第 3 营副营长吕海群及所属官兵全部壮烈牺牲。

中方指挥官薛岳。薛岳，广东韶关人，被认为是"抗战中歼灭日军最多的中国将领"之一，抗日战争中参加淞沪会战，指挥了武汉会战、徐洲会战、长沙会战等著名会战。

26 日，日军以一部兵力围攻我第 20 军阵地纵深内的各据点，抗击我第 58 军侧部。日军主力向汨罗江北岸地区突进，在攻占关王桥、三江口、大荆街及东沙街等主要据点后继续向南攻击前进。当日晚，日军右翼第 3 师团进至归义汨罗江北岸，中路第 6 师团进至新市汨罗江北岸，左翼第 40 师团进至长乐街。

27 日晨 2 时，中方指挥官薛岳令第 37 军加强汨罗江南岸的防守，阻止日军渡过汨罗江；令第 20 军、第 58 军向东南山区撤退，准备反击。此时留置日军后方防守据点的各部队已大多突围撤走，与主力会合。

汨罗江以南地区的战斗

26 日傍晚，日军第 3 师团得到"汨水左岸之敌，正逐次撤退"的情报，决定提前进入汨水左岸，规定该部必须在 28 日拂晓前推进到汨水左岸地区，攻击归义南方高地一线之地。

我第 9 战区防守汨罗江防线的部队为第 99 军（2 个师）及第 37 军。沿汨罗江南岸，由左至右为：第 99 军的第 99 师防守湘阴至营田以东之线，第 92 师防守归义东西之线，第 37 军的第 95 师防守新市、伍公市之线，第 60

薛岳在指挥作战

师防守秀水、浯口、张家渡之线，第140师控制于金井地区，为军预备队。

12月27日，日军第3师团的骑兵联队于11时左右首先由归义附近渡过汨罗江，突破我守军第92师阵地，进至栗桥以北，掩护其主力渡江。日第6师团及第40师团在击破我第37军在汨罗江北的前进阵地及据点后，其先头部队于傍晚先后在兰市河和长乐附近强渡汨罗江，占领了滩头阵地，但在第37军的坚强阻击下，未能进展。

12月28日，日军第3师团主力全部进至汨罗江南、沿粤汉铁路两侧，向南突进，18时前后进至金鸡山、大娘桥等地。我守军第99师等退至牌楼一带。日军第6师团及第40师团遭到在纵深阵地内依托既设工事和据点顽强防守的我第37军的阻击，进展缓慢。

由于日军第3师团已经深入，左翼形势严峻，薛岳令第37军预备队第140师向铁路方面增援，归第99军指挥，阻击日军第3师团；令第37军军长率指挥所向前推进至米公源，就近直接指挥第95师和第60师的战斗；令位于陈家桥、三江口地区的第20军和位于长湖、新寨地区的第58军向长乐街、大荆街方向攻击日军的侧背，以牵制日军第6师团及第40师团主力，阻其南渡汨罗江。

日军企图包围、歼灭汨罗江南岸的我第37军，于28日晚令第3师团向左回旋，迂回至第37军后方的福临铺，遂由大娘桥附近连夜兼程东进。

12月29日，日军第3师团于凌晨进至新开市附近，向退至新开市的第99师发起攻击。此时守军第140师亦已到达附近，薛岳遂令第140师接替第99师防守，令第99师退守湘阴和营田。日军第3师团及第40师团主力当晚已全部进至汨罗江南，与我守军第37军相持于沿江一线。

12月30日，日军在航空兵及炮火掩护下全线发动猛攻。日军第3师团除留一部兵力仍在铁路附近继续攻击守军各据点外，主力在攻占新开市后向东南急进，当晚进至福临铺，先头进至麻林附近。日军第6师团及第40师团亦在攻占长岭、浯口等地后，于当晚分别进至福临铺和金井一带。

留于新墙河以南地区的我第20军之一部，于30日夜突袭驻于新墙东南长胡镇的日军辎重兵第40联队，给予歼灭性打击，并将其联队长森川启宇击毙。

当薛岳得知日军第3师团已突进至第37军后方的情况后，立即令第37军向金井以东的山区撤退，转至外线待机实施反击。至此，汨罗江以南地区的战斗告一段落。

长沙地区的战斗

日军第11军发动这次进攻的战役企图策应其第23军攻占香港和南方的作战，以牵制中国第9战区的兵力，不使其南下，所以原定的作战计划是进至汨罗江以南地区，给予我守军第37军以重创后即撤回原防地，并无攻占长沙的目的。但日军在作战之初即有乘势攻占长沙的意图，日第3师团师团长亦有相同的想法，曾两次提出建议。当日军渡过新墙河、迅速进至汨罗江北岸时，日军认为进攻开始以来进展顺利，又得到长沙守军暂编第2军

战前的长沙郊外

南下、现市区兵力薄弱的情报，遂准备渡过汨罗江后继续南下，攻占长沙。军部参谋们认为本次作战目的主要在于策应香港作战，现香港已为日军占领（25日攻占香港），应按原计划撤回原防，进攻长沙必须慎重。日军指挥官没有采纳参谋们的意见，29日，接到航空兵的侦察报告，说"中国军队已向长沙退却"，认为正是乘势攻占长沙的良好战机，遂独断决定改变原作战计划，向长沙追击。

由于日第11军计划的长沙作战从计划到开始作战过于仓促，开战时日军官兵只能用出动时紧急携带的120发步枪子弹作战。战斗开始几天情况

准备出击的中国军队突击队

对其而言还好，但是随着战事的拖延，严重限制了日军战斗力的发挥。此外，日11军也没有足够的力量修补新墙河以南被破坏的道路。于是日军又开辟东部丘陵地带。

日军工兵一边砍树，一边束柴铺垫，迂回前进。就这么连续工作了5天，到29日才把兵站路从新墙修到了大荆街，保障运输都还是个问题。

日军第3师团接到进攻长沙的命令后立即发起追击，昼夜兼程前进。30日夜到达枫林港，留骑兵联队向北警戒，主力渡过捞刀河，经碑楼铺，渡过浏阳河，经东山向长沙东南郊前进。日第6师团在航空兵支援下担任警戒，并作为第二梯队。日第40师团进至金井一带，牵制东面山区的中国军队，掩护第3、第6师团的后方。日独立混成第9旅团29日到达岳阳，立即向关王桥前进，以保障进攻主力的侧背安全。

12月30日晚，薛岳向蒋介石报告日军当前的动态，并说"我军已按照既定计划围歼此敌"。蒋介石为防止过早使用第二线部队，致电薛岳："敌似有沿铁道线逐步推进攻占长沙之企图。该战区在长沙附近决战时，为防敌以一部向长沙牵制，先以主力强迫我第二线兵团决战，然后围攻长沙，我应以第二线兵团距离于战场较远地区，保持外线有利态势，以确保机动之自由，使敌先攻长沙，乘其攻击顿挫，同时集举各方全力，一举向敌围击。以主动地位把握决战为要。"

对日军来说，尽管第3师团一路狂奔赶到了长沙城下，但是进攻的最佳机会已经失去。就在31日夜间，中国军队第10军调整了部署，补上了防御上最薄弱的一环。在第三次长沙会战的第一阶段，日军的进攻总体来说是顺利的，由于大雨而暴涨的汨罗江，将日军阻挡了12小时以上。

日第 40 师团于 31 日 2 时 40 分占领鸟石尖和牙尖后, 与驮马部队会合。31 日黎明, 该师团以步兵第 236 联队为前卫, 进入栗山港。同时命令步兵第 234 联队第 2 大队确保鸟石尖、磨刀尖一线, 对浯口方面掩护日军侧背, 并将骑兵队留在检市厂附近。日师团于 31 日 19 时进入天王庙附近, 并得到了与国民党军大部队隔山并行南下的情报。元旦当日, 该师团抵达金井, 留下一部确保金井东侧。此时该师团的补给已经断绝, 当地我坚壁清野又做得很出色, 整个师团一个早上仅仅找到两个白薯而已。

1942 年 1 月 1 日凌晨, 日军已经杀到了 9 战区布置的 "天炉" 炉底, 而中国军队也在向日军侧背挺进。我第 9 战区于当日命令各部队, 于 1 月 1 日零时开始攻击前进, 对长沙外围之敌进行反包围, 并限定在 1 月 4 日夜间, 攻至第一次攻击到达目标。此时双方都希望长沙方向的日军尽快结束进攻。日军是希望捞一把就走, 况且日军的后勤和重武器也不能支持长期作战, 而中国军队则担心炉底被凿穿。

中国热血男儿踊跃报名参军

1942 年 1 月 1 日 8 时, 日军第 3 师团于梨市南的磨盘洲附近全部渡过浏阳河, 以第 18 联队和第 68 联队并列向长沙城东南郊区前进, 11 时许, 向阿弥岭南北之线我预备第 10 师阵地发起进攻。激战到 16 时, 阵地被日军突破, 预备第 10 师退守半边山、左家塘一带的既设阵地。18 时左右, 阵地再被突破, 我守军第 29 团第 1 营伤亡殆尽。日军继续进攻, 遭到我守军坚决抵抗, 被阻于军储库、邬家山阵地前。

此时, 日军第 11 军情报部门破译了薛岳令各集团军向长沙附近集结、准备围歼日军的电报, 日军急令第 3 师团加紧进攻, 企图在我第 9 战区形成包围以前攻占长沙。第 3 师团当即将师团直属的第 6 联队第 2 大队由第 68 联队左翼投入战斗。日军增强力量后, 于 21 时攻占军储库、邬家山附近阵地, 其一部兵力乘势突入至白沙岭。

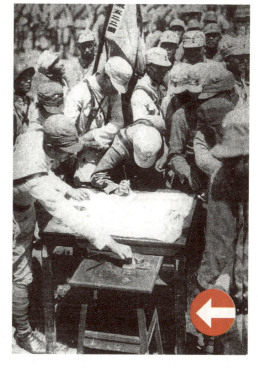

22时，中国军队预备第10师在岳麓山重炮兵支援下组织反冲击，收复了军储库、邬家山阵地，并包围了白沙岭日军第2大队。

1月1日元旦当天，白沙岭的日军加藤大队全部被消灭是第三次长沙会战中极为重要的事件。加藤素一少佐带领副官3名，于2日2时左右与中国军队遭遇，当即被一枪击穿腹部，不久毙命。其余军官相继战死，日军随即发动了几次冲锋企图救出加藤，然而在我守军的猛烈阻击下，日军几次攻击都劳而无功。战至2日夜间，被包围的加藤大队全部被消灭。

对日军来说，加藤的死不仅仅是损失了一名大队长而已。从加藤的尸体上，中国军队得到了日军出动以来的各种计划和命令等文件，得知了当面之敌为第3师团，第6师团现位于梆梨市，第40师团位于金井。更重要的是，了解到日军弹药缺乏这一重要情报。我预备第10师缴获的文件被迅速送到了第9战区司令长官部。薛岳看到后，一方面将情况通报各部，一方面命令各集团军按照预定计划快速向长沙外围合拢、围歼敌军，同时命令第10军进行反击。

1月2日，日军第3师团继续组织进攻，将攻击重点由南门方向移向东门，集中炮火轰击，并令工兵第3联队逐次爆破我守军的堡垒群，猛攻我第190师四方塘、南元宫一线阵地。我守军顽强抗击（有些阵地曾多次反复争夺），以手榴弹和刺刀进行白刃格斗，日军的多次进攻被击退。我守备南门外修械所高地的预备第10师葛先才团（第28团），战至仅剩58人，终于保

中国运输队

住了阵地。第30团还以一部兵力秘密机动至南门外侧击日军第68联队，将其第7中队击歼大半，中队长丸山信一以下所有军官全被打死。

此时，中国军队第4军已由广东火车运达株洲，第19、第27、第30集团军亦按照计划正向长沙合围中。2日晚，蒋介石致电第10军："此次长沙会战之成败，全视我第10军之

能否长期固守长沙，以待友军围歼敌人……敌人悬军深入，后方断绝，同时我主力正向敌人四面围击，我第10军如能抱定与长沙共存亡之决心，必能摧破强敌，获得无上光荣。"用以鼓舞士气。

日军见第3师团攻击顿挫，而我第9战区外线兵团正向长沙地区逼近，形势严峻，但仍企图在我守军外线兵团到达前攻下长沙，遂于2日夜令在椰梨市的第6师团从第3师团右翼投入战斗，同时令在金井地区的第40师团迅速进至春华山一带，对东部山区警戒，保障进攻两师团的后方安全。第6师团留第45联队守备椰梨市及附近渡口，其余连夜进至长沙东北郊。

1月3日拂晓，日军第6师团及第3师团同时发动攻击，第6师团进攻北门至东门间阵地，第3师团进攻东门至南门间阵地。激战终日，日军除第6师团第23联队的第12中队曾一度由城北向西突至湘江岸边外，其余部队全被击退。第3师团第68联队的第2大队在向东瓜山阵地冲击时遭到我守军预备第10师的密集火力和以手榴弹和白刃战进行的反击，在6时30分前后该大队被击退，大队长横田庄三郎以下被打死、打伤百余人。当日晚，薛岳为加强长沙防守和反击力量，令第73军的第5师接替第77师荣湾市一带的防务，而令第77师渡过湘江至长沙城内，为第10军的预备队，控制于南门口附近。

日军坦克部队

数日的争夺，尽管日军取得了一定的进展，然而，此时一个更严峻的情况已经摆在面前：他们的弹药已经告罄，部分日军已经被迫用刺刀作战。另一方面，至当夜，日第3师团的伤亡已经达到700人。当日晚间日第6师团一部进袭我第190师第569团阵地，被我守军击退。此时日军虽将全部兵力投至一线，但已无力组织强有力的攻击，被迫改为守势作战。

鉴于长沙我守军日益艰难的战况以及中国军队增援部队陆续开到的现实，当晚20时，薛岳下令第73军以5师接替第77师的防务，第77师交防后立即渡江归第10军指挥，为该军总预备队。第10军下令该师以一团占领湘春街东西大街，对北及江岸严密警戒，主力位置于南门口附近。当日傍晚，第4军抵达长沙附近，先头部队在日军步兵第68联队背后开始修筑阵地。第79军也在向第3师团浏阳河渡河点东山迫近，一举占领了桥梁。

围攻长沙城的日军第11军部队粮弹将尽，攻势屡遭顿挫，且处于被中国军队包围状态下。在不得已的情况下，于3日夜间决定撤退。

日军撤退，中国军队追击

日军第6师团因有第45联队留守榔梨市及渡口，所以撤退较为顺利，5日凌晨即退至榔梨市。第3师团开始向东山撤退时，第79军已进至东山附近浏阳河东岸，并将渡桥炸毁。5日凌晨2时，第3师团到达东山时遭到我第79军的阻击。此时我第4军一部亦由长沙城南向榔梨市迂回，遂从侧面向日军第3师团实施侧击。在我第79军和第4军的夹击下，日军第3师团陷于混乱，死伤甚众，被迫沿浏阳河南岸向磨盘洲退却，企图仍从来时渡河点徒涉过河，但遭到北岸我第79军密集火力的堵击，死伤及溺死者达

500 余人，因而再次改向日第 6 师团所在的梛梨市撤退。6 日凌晨退至浏阳河北岸，与第 6 师团会合。此时，我第 4 军、第 79 军及第 26 军也跟踪追至梛梨市附近，向日军发起进攻。日军两个师团并列向北撤退，中国军队紧紧追击。该两军于 7 日凌晨退到捞刀河北岸、枫林港地区。

日军第 40 师团由金井向春华山前进时，沿途遭到第 37 军的多次阻击与侧击，其第 236 联队伤亡惨重，第 2 大队长水泽辉雄、第 5 中队长三宅善识及第 6 中队长关田生吉等均被打死。到达春华山地区时，又遭到第 78 军的攻击。7 日夜退出与我第 78 军的战斗，经罗家冲向学士桥撤退。

1 月 8 日，日军第 3、第 6 师团由捞刀河北岸继续北退，沿途不断遭中国军队截击、侧击。进至青山市、福临铺、影珠山地区时，遭到我第 73、第 20、第 58、第 37 军的拦截阻击和我第 4、第 26、第 78 军的追击，日第 3、第 6 师团被包围于该地区。

为了接应第 3、第 6 师团的撤退，日军令独立混成第 9 旅团南下解围。8 日晚，该旅团对影珠山发动进攻。在该地担任堵击的我第 20 军及第 58 军立即进行反击。经彻夜激战，将该旅团击溃，并将其 1 个大队包围于影珠山附近。战斗至 9 日 10 时，该大队除 1 名军官逃脱外，大队长山崎茂以下全部官兵被歼。

1 月 10 日，日第 6 师团企图向北突围，其第 13 联队被我第 20 军和第 58 军分割包围，遭到猛烈的围攻。虽然日第 1 飞行团出动全部飞机支援，第 13 联队仍无法突出重围。联队长友成敏唯恐被歼后文件落入中国军队之手，遂下令将文件全部焚毁。

日军得到第 6 师团被分割包围的报告后，立即令第 3 师团、第 40 师团及第 9 旅团分别从麻林市东、象鼻桥和影珠山以北向福临铺和其以北地区推进，一方面解第 6 师团之围，一方面集中兵力向北突围撤退。

1 月 11 日，日军第 6 师团及第 3 师团陆续突出拦截线，第 40 师团亦从春华山东侧北撤。我第 99 军、第 37 军再在麻石山、麻峰嘴等地进行截击。日军一面抵抗、一面撤退。至 12 日，日军退至汨罗江北岸才得以收容、整顿。我第 20 军、第 58 军、第 73 军、第 4 军、第 37 军和第 78 军尾追至汨罗江南岸后，第 78 军于 13 日从浯口渡过汨罗江，向长乐街以北实施超越追击。

1月15日，日军退至新墙河北原防地，我第20军、第58军、第78军等中国军队一面寻歼汨罗江以南的残留日军，一面向新墙河以北日军阵地实施袭击。至16日，基本上恢复了会战开始前的态势。日军第11军指挥所也撤回汉口。

战斗结束后，中国军队认为击退了日军进犯长沙的企图，取得了第三次长沙会战的胜利；而失败的日军则称实现了战前的目标，削弱了中国第9战区的实力，有力援助了香港方面作战，他们才是这次会战的真正胜利者。

结论：各胜半场

此次会战开始至28日为止，这一阶段日军的进攻非常成功，实现了日11军在战役开始时的计划。24日下午投入战斗，26日夜间就杀到了汨罗河边，48小时内就突破了国民党军的防线，前进了大约25公里。从这点来看，早有部署的中国军队在准备不足的日军面前没有显示任何优势。开战前日军的计划——打残20军、围歼37军、牵制9战区南下的目的已经基本达成。

从27日开始，日军发疯，在缺乏补给的情况下，意图扩大战果，开始了向长沙的冒险。这一冒险最终导致了孤军深入的日军被包围在长沙城下，最后在损失严重的情况下被迫后撤。

从战役层面总体来说，中国军队、日本军队各打了半段胜仗。中国军队以死、伤、失踪3万人换来长沙未失；日军消耗中国军队有生力量的目的也已经达到，但为此付出了6000人伤亡的代价。以策应香港作战为目的的战役，损失竟然是香港作战的2.5倍，则属于代价过重。

第三次长沙会战，中国军队打出了非常好的成绩，而日军则本有机会获得胜利，却未能实现。

日军残忍杀害中国同胞

74

第三章
战争转折阶段

（1942 年 6 月～1943 年 9 月）

苏联人开始大举反攻，4 天后进攻的矛头转向斯大林格勒的后面……12 日 苏联人发动了另一场进攻，东部的平街发生了重大变化，针对顿河上游地区的意大利和匈牙利罗队实施了大规模攻击，导致了他们的彻底崩溃。苏联的这一胜利，关闭了通往斯大林格勒的空中补给线……

——《剑桥战争史》

决定胜负的中途岛大海战

1942 年 6 月 4 日，中途岛海战展开，这是第二次世界大战的一场重要战役。美国海军不仅在此战役中成功地击退了日本海军对中途环礁的攻击，还因此获到了太平洋战区的主动权，所以这场海战可以说是太平洋战争的转折点。

决战不可避免

日本在珊瑚海海战之后的仅仅 1 个月就已经把中途岛拟定为下一个攻击目标。这不但能为美国空军空袭东京报仇，还能敞开夏威夷群岛的大门，防止美军从夏威夷方面出动并攻击日本。日本海军想借此机会将美国太平洋舰队残余的军舰引到中途岛一举歼灭。为达到该目的，日本海军几乎倾巢而出，投入大半兵力，舰队规模甚至超越后来史上最大海战——莱特湾海战时的联合舰队。日、美最终在中途岛爆发了大规模海战。这次海战是日本海军在二战中最大的战略进攻，然而由于珊瑚海海战的牵制，日本联合舰队少派遣了两艘航空母舰——即受伤的"祥鹤"、"瑞鹤"号，这对日军作战造成极严重的影响。

美丽的中途岛

为什么说此战决定胜负

日本自 1941 年 12 月 7 日偷袭珍珠港，发动了太平洋战争开始，在 3 个多月的时间里便占领了东自威克岛、马绍尔群岛，西至马来半岛、安达曼和尼科巴各岛，南至俾斯麦群岛的广大地区，几乎完全控制了整个西太平洋。

　　在这几个月里，日本军队每取得一次胜利，被战争狂热煽动起来的东京市民就排着长队，挥舞着纸制太阳旗，涌到皇宫门前举行祝捷大会。然而，在这些热闹欢腾的背后，有一个人总显得心事重重。此人便是日本海军联合舰队司令山本五十六大将。日军偷袭珍珠港成功后，他就曾冷静而清醒地指出，我们只是唤醒了一个巨人，必须在巨人尚未起身之前，完成袭击珍珠港未竟之事业，彻底击毁美太平洋舰队。因此，山本竭力赞成联合舰队参谋长宇垣少将提出的进攻中途岛的计划，认为若能占领该岛，则既可将该岛作为日机空中巡逻的前进基地，威逼夏威夷，又可诱出美舰队，在决战中予以歼灭。

　　珍珠港事件后，罗斯福总统决定由切斯特·尼米兹接替金梅尔出任美太平洋舰队司令，他对尼米兹说："到珍珠港去收拾败局，然后留在那里，直到战争胜利。"受命于危难之际的尼米兹到任后，很快组织了只有4艘航空母舰及其护航舰的舰队。这支舰队袭击了在中太平洋岛屿上的日军，紧接着实施一项令人震惊的作战计划，即轰炸东京。

　　1942年4月18日，从美军"大黄蜂"号航空母舰上起飞的16架B-25式轰炸机飞临东京上空，投下炸弹和燃烧弹后顺风直飞中国。这次空袭震动了日本朝野，也刺激了山本，使他更加坚定了要进攻中途岛的决心。4月28日，山本在其旗舰"大和"号巨型战列舰上召开海军高级将领会议，确定了进攻中途岛的具体作战计划，日军先派遣一支舰队进攻阿留申群岛，在该群岛的阿图岛、基斯卡岛登陆，以此为诱饵，将美军舰队的注意力引到北面去，然后主力舰队趁机夺占中途岛。山本将作战日期初步定在6月初。5月5日，日本海军军令部发布了《大本营海军部第18号命令》，正式批准中途岛作战计划，并将其命名为"米号作战"。

正当山本谋划此次行动之时，1942年5月7日，珊瑚海战斗爆发，这是人类历史上航空母舰的首次大规模交锋。日本舰队在实施其占领澳大利亚的第一个步骤——进攻莫尔兹比（新几内亚首都）港口时，途中遭遇弗兰克·弗莱彻少将率领的两艘美国航空母舰"约克城"号及"列克星敦"号，这两艘航母由7艘巡洋舰护卫。美国海军击沉了日本航空母舰"祥凤"号，严重损伤"翔鹤"号，但失去了"列克星敦"号。

珊瑚海战斗对于阻止日本入侵澳大利亚起到了决定性作用，但也增强了山本征服中途岛的决心。他欲在那里建立一个飞机场，作为打击所有来自美国船只的基地。山本从各个角度分析了他的战略战术，首先日军对远离阿拉斯加、由美国控制的阿留申群岛进行了牵制性进攻，希望以此分散美国整个舰队对中途岛的注意力。但美国设法截获了日本高级指挥官之间的通信信息，发现了山本的计划，因此，尼米兹决定对阿留申群岛不采取任何行动，而将3艘航空母舰及8艘巡洋舰派往中途岛。

中途岛展开激战

1942年6月4日，即东京时间6月5日，日、美海空军在中途岛展开

中途岛海战复原图

激烈的战斗。

6月4日凌晨，日本第一攻击波机群36架俯冲轰炸机、36架水平轰炸机和36架零式战斗机开始从4艘航空母舰上同时起飞，108架舰载机在永友文市海军大尉的率领下出发攻击中途岛。南云中将命令侦察机搜索东、南方向海域，日军的第二攻击波飞机提到飞行甲板上，准备迎击美国舰队。但是日军重巡洋舰"利根"号的两架侦察机因为弹射器故障，起飞时间耽误了半个小时，"筑摩"号的1架侦察机引擎又发生故障中途

美国海军指挥官在研究海战形势

返航，原本这架飞机应该正好搜索美国特混舰队上空的，这给日本舰队埋下了祸根。

6月4日拂晓，美国中途岛派出的"卡塔林娜"式侦察机发回发现日军航空母舰的报告，斯普鲁恩斯少将立即做出反应，准备攻击日军航母（其实法兰克·弗莱彻海军少将是这次行动的总指挥，但是斯普鲁恩斯首先发动空袭）。美国舰队因为已经破解了日本海军"JN-25"的密码，从而对敌人的计划了如指掌。

6月4日清晨，日本舰载机向中途岛发动了猛烈的攻击。驻扎在中途岛的美军战斗机也全部升空，迎击来犯的日本战机。美军的轰炸机，包括B-17型轰炸机也向日本舰队发动还击。

7时整，友永文市大尉率第一攻击波机群准备开始返航，并向南云中将发出了需要进行第二次攻击的电报。

7时6分，美军由战斗机、鱼雷机、俯冲轰炸机所组成的117架战机编队，从斯普鲁恩斯少将所率领的第16特混舰队"大黄蜂"号及"企业"号升空，奔向200海里外的南云舰队。

8时40分，15海里以外的弗莱彻少将率领的美军第17特混舰队从"约克镇"号起飞了35架战机。

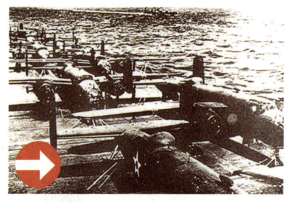

美国"大黄蜂"号航母上搭载着陆军B-25型轰炸机

舰载机从美国"企业"号航母升空

7时10分,首批从中途岛起飞的10架美军鱼雷轰炸机出现在南云舰队的上空。美军飞机排成单行,扑向日航空母舰。在日军战斗机的截杀和日舰猛烈的炮火下,美军飞机很快就被击落了7架。友永文市的报告和美机的攻击,使南云中将相信中途岛的防御力量还很强,于是决定把原来准备用于对付美舰的飞机改为对中途岛进行第二次轰炸。此时,他仍然没有发现美军舰队。

7时15分,南云下令日军"赤城"号和"加贺"号航母将在甲板上已经装好鱼雷的飞机送下机库,卸下鱼雷换装对地攻击的高爆炸弹。

7时30分,南云接到"利根"号推迟半小时起飞的一架侦察机发来的电报,说距中途岛约240海里的海面发现10艘美国军舰。南云命该侦察机继续查明敌人舰队是否拥有航空母舰,同时命令暂停对鱼雷机的换弹。就在南云等待侦察机的侦察结果时,空中再次响起了警报。40余架从中途岛起飞的美军B-17轰炸机和俯冲轰炸机扑向南云的舰队。由于美军的轰炸机没有战斗机护航,结果很快就被南云派出的零式战斗机击退。

8时15分,南云终于接到了侦察机传来的报告,得知美军舰队里确实有航母的存在。南云下令各舰停止装炸弹,飞机再次送回机库重新改装鱼雷,日本航空母舰的甲板上一片混乱,为了争取时间,卸下的炸弹,都堆放在甲板上。

8时30分，日军空袭中途岛的第一攻击波机群返航飞抵日本舰队的上空。还有那些保护航空母舰的战斗机也需要降落加油。南云处于进退维谷的境地。第二航空母舰战队司令山口海军少将向南云建议"立即命令攻击部队起飞"。第二批突击飞机换装鱼雷还没有完成，如果马上发动进攻，也没有战斗机护航，况且舰上的跑道被起飞的飞机占用，那么油箱空空的第一攻击波机群就会掉进海里。南云决定把攻击时间推迟，首先收回空袭中途岛和拦截美军轰炸机的飞机，然后重新组织部队进攻美军特混舰队。

8时37分，返航的飞机开始相继降落在4艘航空母舰飞行甲板上。

9时18分，全部飞机的作业完毕。南云命令舰队以30节的航速向北航行，以避开再来攻击的美机，准备全力进攻美军特混舰队。

9时20分，掩护日本舰队的战斗机开始起飞。

9时25分，一队由美军"大黄蜂"号起飞的15架"复仇者"式鱼雷轰炸机组成的编队发现了南云舰队。不幸的是，他们的燃油即将耗尽，而且没有战斗机护航。在日军自杀式攻击下，他们被零式战斗机和高射炮火全部击落，30名飞行员除1人生还外全部遇难。

9时30分，从"企业"号、"约克镇"号起飞的28架美军战机陆续尾随而来，向"苍龙"号和"飞龙"号展开攻击。然而美军战机在攻击南云舰队的时候遭到重创，损失了20架鱼雷轰炸机，美机所投鱼雷竟无一命中。

10时20分，由102架飞机组成的日军舰载机攻击队此时也已排列就绪。正当日军战斗机在低空忙着驱赶美军鱼雷机时，南云舰队的上空出现了33架由克拉伦斯·麦克拉斯基少校率领的从"企业"号起飞的无畏式俯冲轰炸机。此时，日舰正在掉头转到迎风的方向，处于极易受攻击的境地，甲板上到处是鱼雷、炸弹及刚加好油的飞机，这正是美军求之不得的有利时机。

10时24分，第一架日本战斗机飞离飞行甲板时，"企业"号的美军33架"无畏"式俯冲轰炸机，分成2个中队分别攻击日军"赤城"号航空母舰和"加贺"号航空母舰，

日本航母"加贺"号下沉

美军战机进攻复原图

接踵而来的是17架从"约克镇"号航空母舰上起飞的美军"无畏"式俯冲轰炸机则专门攻击"苍龙"号航空母舰。日军的3艘航空母舰刹那间变成了三团火球，堆放在甲板上的等待起飞的飞机以及燃料和弹药引起大爆炸，火光直冲云霄，短短的5分钟，日本3艘航空母舰被彻底炸毁了。

10时40分，接替指挥空中作战的日第2航空战队司令官山口多闻少将发动反击，18架由"九九"式俯冲轰炸机和6架零式战斗机组成的攻击编队从"飞龙"号航空母舰起飞。日战机飞向目标途中，发现了一批正在返航的美军轰炸机，便悄悄地尾随。就因如此，日机找到了美军"约克镇"号航母，并立即发动攻击。3颗炸弹命中"约克镇"号。该舰虽然遭到破坏，但是在美军船员的全力抢修下，恢复了航行功能。

11点30分，南云中将及其幕僚转移到了"长良"号巡洋舰，开始集合残余的舰队。

13时40分，10架日军"九七"式鱼雷攻击机和6架零式战斗机又从"飞龙"号飞来，对受伤的"约克镇"号发起了第二次攻击。"约克镇"号这次没那么幸运，被两枚鱼雷击中，左舷附近掀开两个大洞，并把舰舵给轧住了。弗莱彻少将被迫转移到巡洋舰，将指挥权移交给斯普鲁恩斯少将。

14时45分，美军侦察机发现日军"飞龙"号航空母舰，斯普鲁恩斯立即命令"企业"号、"大黄蜂"号航空母舰的30架"无畏"式俯冲轰炸机起飞，去攻击"飞龙"号。

15时，美军"约克镇"号的舰长巴克马斯特被迫下令弃舰。然而，它却并没有沉没，于是美军又回到该舰上，试图由拖船将其拖向珍珠港。

16时45分，美军"企业"号航空母舰的俯冲轰炸机成功地攻击了日军剩下的"飞龙"号航母。"飞龙"号当即命中4弹，船上一片火海。山口司令官和舰长加来止男随舰葬身大海。

6月4日晚19时，已经被摧毁的日军"苍龙"号、"加贺"号航空母舰先后沉没。

6月5日2时55分，日本联合舰队司令山本五十六大将否决了其首席参谋黑岛大佐提出的集中全部舰只在白天轰炸并登陆中途岛的挽回败局的方案，下令"取消中途岛的占领行动"。并表示"所有责任由我一个人来担当，我回去向天皇陛下请罪"。他把自己关进会客室，一连3天拒绝会见部下。6月5日夜间，日军两艘重巡洋舰"最上"号和"三隈"号在浓雾中转向时互撞，"最上"号重创，"三隈"号留下陪伴左右。

3时50分，被摧毁的"赤城"号航空母舰被日军驱逐舰发射的鱼雷击沉。

5时10分，无法挽救的日军"飞龙"号航空母舰被日军驱逐舰发射的鱼雷击沉。

6月5日天亮，美军飞机一波又一波地轰炸负伤的日军巡洋舰"三隈"号、"最上"号巡洋舰。"三隈"号葬身海底，而重伤的"最上"号反而逃过大难，挣扎着回到特鲁克的基地。攻击结束以后，美军特混舰队随即撤离战场。

13时，日军I-168号潜艇发现了美军"约克镇"号，随即发射4发鱼雷，两发命中"约克镇"号，1发命中护航的"哈曼"号驱逐舰，两舰相继沉没。

中途岛战役中的美军士兵

至此，中途岛之战宣告结束。

美军胜算已定

中途岛战役美军只损失 1 艘航空母舰、1 艘驱逐舰和 147 架飞机，阵亡 307 人。而日本却损失了 4 艘大型航空母舰、1 艘巡洋舰、330 架飞机，还有几百名经验丰富的飞行员和 3700 名舰员。日本海军从此走向了失败。

为了掩盖自己的惨败，避免挫伤部队的士气，6 月 10 日，日本电台播放了响亮的海军曲，并宣称日本已"成为太平洋上的最强国"。当惨败的舰队疲惫不堪地回到驻地时，东京竟举行灯笼游行以庆祝胜利。

美国海军首脑事后评价道："中途岛战斗是日本海军 350 年以来的第一次决定性的败仗。它结束了日本的长期攻势，恢复了太平洋海军力量的均势。"同时，此战还给日军高层造成了难以愈合的创伤，这一痛苦的回忆直到第二次世界大战结束后一直挥之不去，使他们再也无法对战局做出清晰的判断。

美国著名海军历史学家塞缪尔·莫里森把美国海军在中途岛海战中的胜利称为"情报的胜利"。美国海军提前发觉日本海军的计划，是日本海军失利的最主要的原因。但许多军事家认为，日本海军坚持以战列舰作为海战决战的决定性力量，把航空母舰当作辅助性力量使用，并忽略了航空兵力的作用是导致失败的主要原因。

日本海军计划最明显的失误是分散部署兵力，联合舰队各部队在相隔很远的距离上单独作战，而美国海军最大限度地集中部署兵力。因此，日军联合舰队的优势被削弱了。

日军计划另一个失误是，进攻中途岛本来是诱使敌舰队决战，可却给航空母舰套上支持占领中途岛的任务，并一厢情愿地认为在中途岛受到攻击以前，敌舰队不会离开其基地。日军侦察搜索计划同样不利，最后导致统帅南云遇到进退维谷的难题和来回换装鱼雷、炸弹的尴尬局面。

中途岛海战改变了太平洋地区日美航空母舰实力对比。日军仅剩大型航空母舰 2 艘、轻型航空母舰 4 艘。从此，日本在太平洋战场开始丧失战略主动权，战局出现有利于盟军的转折。

斯大林格勒战役

斯大林格勒战役，又称斯大林格勒会战，是第二次世界大战中苏联卫国战争的重要转折点，也是人类历史上最为血腥和规模最大的战役之一。参战主要军队为苏联红军和纳粹德军。这次会战从1942年7月17日开始，1943年2月2日结束，历时6个半月。战役因参战双方伤亡惨重而成为人类战争史上的著名战役。

希特勒的战略决定

1941年6月22日，纳粹德国及其轴心国盟军发动"巴巴罗萨计划"，悍然入侵苏联，致使苏、德战争爆发。德军闪电般地占领了苏联西部大片领土。在1941年夏秋季遭受了一连串打击的苏军在当年12月进行的莫斯科保卫战中取得了首次胜利。过度消耗的德军由于缺乏应付冬季的战争装备和稳定的供应线，在莫斯科城下遭受了严重打击，并在部分地区遭到反攻。

1942年春天，漫长的苏、德战线相对稳定了下来，但双方都在秣兵厉马，准备更大规模的战役，以争夺战略主动权。鉴于德军已无力发动全线进攻，德军最高统帅部希望攻击苏联意想不到的战略方向以求获得快速的成效。德陆军总参谋长哈尔德将军建议，如果再要发动攻势，就应针对莫斯科。然而希特勒认为攻击莫斯科目标过于明显，并且中央集团军群已经受到了很大削弱，德军应放弃再次进攻莫斯科的计划。于是德国开始筹划集

英雄城市斯大林格勒

中兵力在北部和南部战线发动新一轮局部攻势。因为美国在珍珠港遭到偷袭之后对日本宣战，这意味着与日本同为轴心国集团的德国也将会遭到美军的攻击，德国意识到时间颇为紧迫。希特勒希望能够在美军有机会加入欧洲战场之前结束东线战争或尽可能削弱苏联。由于苏联南部地区有支撑苏联战争机器的高加索油田，并邻近中亚地区的伏尔加河以及大片农田，因此德国希望能够挺进这个区域，尽可能地削弱苏联的经济和战争潜力。

发布战争密令

1942 年 4 月 5 日，希特勒发布战争密令，目标是最终歼灭苏军残存的有生力量，尽可能多地夺取它的最重要的战争经济资源。为此，应投入德军的一切可供使用的力量。但同时，无论如何应保障欧洲西部和北部占领区海岸的安全。

为实施上述战略意图，德国对南线兵力进行了重组，撤消了原南方集团军群番号，新组建了 A、B 两个集团军群。A 集团军群由利斯特元帅指挥，下辖克莱斯特上将的第 1 装甲集团军和鲁大上将的第 17 集团军，由空军第 4 航空队进行空中支援，其任务是攻占高加索地区；B 集团军群由包克元帅

战前斯大林格勒近郊图

指挥，下辖霍特上将的第4装甲集团军、魏克斯上将的第2集团军和保卢斯上将的第6集团军，由空军顿河地区航空队进行空中支援，其任务是攻占斯大林格勒，掩护A集团军群的北翼。在A、B两个集团军群的后方，又有第二线兵力，由匈牙利第2集团军、意大利第8集团军和罗马尼亚第3集团军组成。此外，在克里米亚地区，还有曼施泰因上将的第11集团军和罗马尼亚第4集团军。总兵力计60个德国师，其中10个装甲师、6个摩托化师，另外还有43个师的附庸国部队。

希特勒在作战争动员

按照希特勒的要求，德军最高统帅部拟订了1942年夏季南方作战计划，代号"蓝色行动"。其主要内容是，利斯特A集团军群以克莱斯特第1装甲集团军为左翼，鲁夫第17集团军为右翼，分别从哈尔可夫南面和塔甘罗格北面向东和东南方向进攻，占领顿河下游的罗斯托夫，向南进军以控制高加索地区的油田；包克B集团军群以霍特第4装甲集团军和魏克斯第2集团军为左翼，保卢斯第6集团军为右翼，分别从库尔斯克南面和哈尔可夫北面向东和东南方向突击，占领顿河上游的沃罗涅日，向斯大林格勒前进。

苏军最高统帅部同样也在加紧准备1942年夏季战役。斯大林及苏军最高统帅部判断，1942年夏季，德军可能在莫斯科方向和南方发动大规模的进攻，并以莫斯科为主要突击目标。因此，苏军最高统帅部决定将预备队的大部分兵力集中在莫斯科方向，其战略意图是，近期进行积极的战略防御，但同时必须在克里米亚、哈尔科夫地区、利戈夫—库尔斯克方向，斯摩棱斯克方向以及列宁格勒和杰米扬斯克地域实施一系列进攻战役。在讨论具体作战计划时，斯大林对西南方向总司令铁木辛哥元帅提出的西南方向进攻计划很感兴趣也全力支持。苏军总参谋长沙波什尼科夫元帅却表示总参谋部不同意这一计划，并说大本营不能、也没有足够的预备队提供给西南方向。斯大林立即打断了他的话，说："我们岂能坐等德寇首先突击！

德军战地小分队

必须在宽大的正面先敌实施一系列的突击,这样才能摸清敌人的准备情况。朱可夫提出的在西方方向上展开进攻,而在其他方向上实施防御的计划,我认为这是个不彻底的治标办法。"最后,斯大林批准了铁木辛哥以西南方向兵力先敌实施哈尔可夫进攻战役的计划。此计划规定,从沃尔昌斯克地区和巴尔文科实施向心突击,一举夺取哈尔可夫,并为解放顿巴斯创造条件。

拉开会战序幕

1942年5月8日,德军首先在克里米亚发起了攻势,1周后占领了刻赤半岛,俘虏苏军17万人。7月4日,德军迫使守卫塞瓦斯托波尔要塞的近10万苏军投降,于是德军占领了整个克里米亚。

5月12日,当刻赤半岛正在激战之际,苏联分别从哈尔可夫的东北和东南两面向哈尔可夫发起进攻。进攻开始时发展顺利,突破了德军防御,并在3昼夜内前进了25～50公里。斯大林很高兴,并据此谴责总参谋部,说险些因为总参谋的固执己见而取消了一次如此顺利的战役。但斯大林没能高兴多久。5月17日,德军从哈尔可夫南面向苏军侧翼发起反攻,并于5月23日合围了苏南方方面军、西南方面军和博布金战役集群。至5月29日,被围苏军大部被歼。第二次哈尔可夫战役拉开了斯大林格勒会战的序幕。德军旗开得胜,希特勒信心倍增;苏军损失惨重,斯大林懊悔莫及。

1942年6月28日,包克B集团军群左翼霍特第4装甲集团军和魏克斯第2集团军突然从库尔斯克东北向东攻击,直指顿河上游的沃罗涅日。6月30日,右翼保卢斯第6集团军也从哈尔科夫东北发起了进攻,向东南挺进,以斯大林格勒为目标。7月2日,霍特第4装甲集团军的前锋已逼进沃罗涅日，但希特勒突然改变了计划，决定不占领该城，他命令霍特在获得第2集团军的接替后，迅速转向南面沿顿河向斯大林格勒前进。包克元帅却想占领沃罗涅日，以彻底歼灭该地域内的苏布良斯克方面军主力，这使希特勒大为恼怒，当即撤销了包克老元帅的 B 集团军群司令之职，由第 2 集团军司令魏克斯上将接任，第 2 集团军司令则由萨姆斯将军继任。对于南面高加索方向，利斯特 A 集团军群于 7 月 9 日发起进攻，其左翼克莱斯特第 1 装甲集团军从哈尔可夫南面向顿涅兹河北岸进击，鲁夫第 17 集团军则从塔甘罗格北面向伏罗希洛夫格勒进攻。同时，匈牙利第 2 军团和第 4 装甲军团也对佛罗尼斯发动了突袭，并在 7 月 5 日攻陷该城。

　　德军的进攻非常成功，苏联军队在空旷的大草原上很难进行有效的抵抗，虽然苏军曾试图巩固防线，但由于刚在哈尔可夫之战中吃过德军合围的亏，苏军的许多部队生怕再陷入包围，仓惶向东后撤了100 至 300 公里，致使德军侵入顿河大弯曲部。哈尔德在 7 月 16 日的日记中写道："在第 1 装甲集团军从西面，第 4 装甲集团军从北面的夹攻之下，敌军分成了几个集团，分别向各个方向逃窜，此时，在这个混战地区之东，我们的第 24 两个装甲师，正在向顿河赛跑，一路都不曾受到敌人的严重抵抗。"

　　然而，德军第 6 集团军在战役初期就取得令人满意的战果使希特勒再次改变了计划。他认为攻占斯大林格勒无须那么多兵力，遂于 17 日命令霍特第 4 装甲集团军从斯大林格勒方向南下，并入 A 集团军群，以支援克莱斯特第 1 装甲集团军强渡顿河下游。这样，斯大林格勒方向的进攻部队就只剩下了保卢斯的第 6 集团军，而第 6 集团军的机动力量却又有赖于第 4 装甲集团军的合作。由于当地公路狭窄并且数量不多，导致

《斯大林格勒》剧照，苏军的勇士们

了第 4 装甲军团与第 6 集团军陷入了交通的阻塞。两个军团为了疏导路面数以千计的车辆，不得不陷入停滞。这次迟延造成了很大的损失，使进攻至少推迟了 1 个星期，未能一举突入斯大林格勒。对此，英国军事史学家富勒写道："和 1941 年一样，因为分散了兵力，希特勒自己毁灭了他的战役。1941 年，他因为调动古德里安的装甲兵团去参加基辅会战，才使他未能攻下莫斯科。这一次又是因为调动了霍特的装甲集团军，从顿河中游到下游去，结果遂使他未能攻克斯大林格勒。"利德尔·哈特也在其《战略论》中写道："假使朝斯大林格勒方向进攻的第 4 装甲集团军，不分兵向南，以协助第 1 装甲集团军在攻向高加索的路程上，作渡过下顿河的企图，那么在 7 月间，德军也许早已轻松地攻占了斯大林格勒……而等到第 4 装甲集团军再回转过头向北进攻的时候，俄国人在斯大林格勒已集中兵力，严阵以待了。"

德军保卢斯的第 6 集团军继续向斯大林格勒前进。该集团军辖有 6 个军，其中 2 个装甲军，计 14 个师约 27 万人、近 500 辆坦克、3000 门火炮和迫击炮，由第 4 航空队 1200 架作战飞机进行支援。

斯大林格勒原名察里津，1918 年后改称斯大林格勒。它位于伏尔加河下游西岸，距顿河大弯曲部约 60 公里。伏尔加河与顿河成"儿"字形，斯大林格勒就位于两河之间，它左边一画是顿河，向西南注入亚速海，右边一画是伏尔加河，向东南注入里海。斯大林格勒是苏联南部的政治、经济、文化中心，水陆交通的中转站，也是来自高加索的石油转运站和重要的军事工业基地，具有重要的战略意义。另外，因为它叫斯大林格勒，所以斯大林决心要守住这个城市。

苏军最高统帅部开始逐渐明确德军的意图，决心在斯大林格勒组织坚守。为此，苏军于 7 月 12 日在西南方面军原有基础上组建了由铁木辛哥元帅为司令员（7 月 23 日起改由戈尔多夫中将接替）的斯大林格勒方面军，担负斯大林格勒方向的防御任务。其编成内有从苏

斯大林格勒被德军轰炸

《斯大林格勒》剧照，苏军补充兵员

军战略预备队调来的第62、第63、第64集团军和原西南方面军的第21、第28、第38、第57集团军残部，第13、第22、第23坦克军，以及空军第8集团军、海军伏尔加河区舰队。斯大林格勒方面军实际的力量计12个师，约有16万人、2200门火炮和迫击炮、近400辆坦克，飞机454架，其任务是固守巴甫洛夫斯克至库尔莫亚尔斯卡亚的长约530公里、纵深为120公里的防御地带。

德军攻入市区

1942年7月17日，苏、德双方在斯大林格勒接近地展开了激烈的交战，会战正式开始。德军第6集团军在保卢斯上将的指挥下，以第8步兵军和第14装甲军为北突击集团，以第51步兵军和第24装甲军为南突击集团，对苏军62集团军实施包围，并向卡拉奇方向发展进攻。同时，以部分兵力向苏军第64集团军发起伴攻，以吸引苏军的注意力。7月23日，德军突破苏军第62集团军右翼防线，合围了该集团军的2个师，前进到斯大林格勒西面的顿河河岸。7月25日，德军对苏军第64集团军的右翼阵地发起攻击，企图在卡拉奇附近强渡顿河。次日，苏第64集团军被迫退过顿河。斯大林再也按捺不住对年迈的铁木辛哥元帅的失望，撤销了他斯大林格勒方面军司令员的职务，由第64集团军司令戈尔多夫中将接任，并派总参谋长华西列夫斯基上将作为最高统帅部代表前往斯大林格勒协助指挥战事。斯大林还决定将预备队的坦克第1和第4集团军火速调往斯大林格勒地域，又从远东调来10个师加强斯大林格勒的防御。随后，为了增强斯大林格勒守军的斗志，斯大林于7月28日发布了第227号命令，凡是不服从命令而离开战斗岗位或者撤退的军人都将被枪毙，并严厉要求苏军部队"绝对不许后退一步"！7月25、27日，苏军以刚开来的坦克第1和第4集团军进行反突击。德第 6 集团军由于缺少装甲兵力的支援,被迫转入防御态势。

　　7 月 30 日,希特勒又做了一个影响命运的决定,他宣布:"因为高加索的命运是将要在斯大林格勒决定,所以由于这个会战的重要性,遂有从 A 集团军群抽调兵力以增强 B 集团军群之必要。"于是,德国霍特的第 4 装甲集团军又归还给 B 集团军群,并于 8 月 1 日奉命沿科捷尔尼科沃—斯大林格勒铁路向东北方向进击,当天迅速突破了苏第 51 集团军的防线,占领了蒙特纳亚。8 月 3 日,霍特攻占了科捷尔尼科沃,接着又于 5 日突破了苏第 64 集团军的防御,前进到阿勃加涅罗沃地域,但之后遭到了苏军越来越顽强的抵抗和反击,霍特只好放弃了独立攻占斯大林格勒的想法,于 8 月 9 日转入守势。

　　8 月 5 日,苏军最高统帅部决定将斯大林格勒方面军改组为东南、斯大林格勒两个方面军,由华西列夫斯基上将统一指挥。东南方面军由叶廖缅科上将指挥,编成内有第 64、第 57、第 51 集团军,以及坦克第 1 集团军、坦克第 13 军和空军第 8 集团军。斯大林格勒方面军仍由戈尔多夫中将指挥,编成内有第 21、第 62、第 63 集团军,以及坦克第 4 集团军、坦克第 28 军和空军第 16 集团军。

苏军在组织反击

　　8 月 19 日,德军保卢斯和霍特重新发起了进攻。保卢斯第 6 集团军从斯大林格勒西北面的特列赫奥斯特罗夫卡亚向东南攻击,22 日突破苏第 62 集团军在韦尔加奇和彼斯科瓦特卡地段的防线,强渡顿河,占领了卡拉奇,23 日第 14 装甲军推进到斯大林格勒北郊的叶尔佐夫卡地域,前进到伏尔加河,将苏第 62 集团军与斯大林格勒方面军主力分割开来。霍特第 4 装甲集团军从南面的阿勃加涅罗沃地区向北进攻，突破了苏第 64 集团军的防御，29 日进至城南的加夫里洛夫卡地域，9 月 2 日，保卢斯第 6 集团军右翼与霍特第 4 装甲集团军左翼在旧罗加奇克地区取得了联系。与此同时，德军第 4 航空队出动飞机几百架，入夜又出动 2000 架次飞机对斯大林格勒进行狂轰滥炸。二战后英国出版的《第二次世界大战史》一书对此评述道：

"这是一次纯粹的恐怖袭击，其目的是尽可能多地屠杀和平居民，压垮苏军，瓦解士气，散布恐慌气氛。"

《斯大林格勒》剧照，奋勇作战的苏军士兵

鉴于斯大林格勒异常严峻的形势，斯大林决定给朱可夫一个副最高统帅的头衔，让他到斯大林格勒前线坐镇指挥，并决定立即调拨第 24、第 66 集团军和近卫第 1 集团军开赴斯大林格勒。8 月 29 日，朱可夫飞到斯大林格勒，立即着手组织第 24、第 66 集团军和近卫第 1 集团军的反击行动。9 月 3 日，斯大林致电朱可夫："斯大林格勒的形势恶化了。敌人距斯大林格勒 3 俄里。如果北部集团部队不立即援助，斯大林格勒就有可能在今天或明天被攻占。应要求位于斯大林格勒以北和西北的各部队司令员立即突击敌人和援助斯大林格勒的军民。不得有任何迟缓。现在迟延就等于犯罪。应将全部飞机用于援助斯大林格勒。斯大林格勒剩下的飞机很少了。"

9 月 5 日拂晓，朱可夫将 3 个新锐集团军投入反击。激烈的战斗持续到傍晚，苏近卫第 1 集团军才前进了 2~4 公里，而第 24 集团军几乎仍停留在原阵地。当晚，斯大林以强硬的口气命令朱可夫："继续冲击，你们的主要任务是把尽可能多的敌人调离斯大林格勒。"

9 月 6 日，苏军再次发起冲击，但不幸的是，这次冲击又一次被德军击退。9 月 10 日，苏军试图从北面实施突击，恢复同第 62 集团军的联系，却又失败了。

9 月 12 日，苏军撤至市区围廊，外围防御地带已全部丧失。斯大林召集

德军进入被轰炸后的市区

朱可夫和华西列夫斯基开会，讨论斯大林格勒的局势，大家一致认为：“必须寻求另一种解决办法。”

在高加索方向，德军利斯特A集团军群以高速前进。8月9日，克莱斯特第1装甲集团军占领了梅柯普油田。8月22日，克莱斯特的士兵在海拔18526英尺的厄尔鲁斯山峰上升起了第三帝国的万字旗。8月25日，克莱斯特部又攻占了莫兹多克，距格罗兹尼四周的苏联最大产油中心只有50英里，距里海也只有100英里。8月31日，希特勒要求A集团军群司令利斯特元帅倾其所有的力量向格罗兹尼做最后进攻，尽快拿下油田。但德军冲击力迅速下降，进展缓慢。9月9日，希特勒免去了利斯特元帅的A集团军群司令的职务，由第1装甲集团军司令克莱斯特上将接任，第1装甲集团军司令则由麦肯森将军继任。克莱斯特上任后，虽然竭尽全力，也无法再前进一步。因为冲击力丧失的主要原因是缺乏燃油。克莱斯特说：“因为黑海航路相当不安全，所以我们的补给大部分是必须从铁路运来，有一部分是靠空运，但其总量还是不足以维持前进的动量。”

9月12日，希特勒从东普鲁士飞抵乌克兰的文尼察，召见了B集团军群司令魏克斯上将和第6集团军司令保卢斯上将，命令他们于9月13日对斯大林格勒发起新的进攻，并决定从高加索方向抽调9个师加强给第6集团军。希特勒强调：“要尽快把那座城市拿到自己手里，不要让它变成人们长期瞩目的焦点，更不能让它牵扯我们更多的精力。要知道，德国要做的事情还多着呢。”

城内的激烈巷战

9月13日，德军开始攻城。保卢斯第6集团军担当主力，从城北实施猛烈突击。霍特第 4 装甲集团军则从城南推进,策应保卢斯在城北的主攻。苏军崔可夫中将指挥的第 62 集团军和舒米洛夫少将指挥的第 64 集团军接受了保卫斯大林格勒市区的任务。14 日,德军从城北突入市区,与苏第 62 集团军展开了激烈的巷战,双方逐街逐楼逐屋反复争夺。

　　斯大林格勒变成了一片瓦砾场,城中 80% 的居住区被摧毁。在满是瓦砾和废墟的城中,苏联第 62 集团军顽强抵抗,在城中的每条街道,每座楼房,每家工厂内都发生了激烈的枪战,攻入城中的德军死伤人数不断增加。尽管德军对伏尔加河东岸进行频繁的轰炸,但是苏军还是从那里不断得到的补给和支持,不过刚刚赶赴城中的苏军战士的平均存活时间不超过 24 个小时。

　　德军的主要战术是各兵种联合作战,非常重视步兵、工程部队、炮兵和空军的地面轰炸的协调。为了对抗这种战术,苏军指挥官采取了贴身紧逼的策略,尽量将己方的前线与德军贴近。这样导致了德军的炮兵部队无法发挥远程攻击的优势。

　　9 月 15 日,德军对名为马马耶夫的高地实施重点突击。该高地是斯大林格勒城中的制高点,从这里可以俯瞰和控制全城,第 62 集团军司令部即设在这里。经过一天最为残酷的战斗,德军占领了马马耶夫高地,但在 16 日,苏近卫第 13 师渡过伏尔加河进入斯大林格勒,突然向德军发起反冲击,又夺回了该高地。9 月 25 日,德军占领了市中心,27 日冲进了北部工厂区,并

苏军士兵逐屋争夺,将德军赶出斯大林格勒

重新占领了马马耶夫高地,但在 29 日又被苏军夺回。以后的战斗更加激烈,两方军队不断地交替占领这片高地。苏军在一次反攻中,竟然在一天之内牺牲了 1 万名士兵。德第 6 集团军的一位叫汉斯·德尔的军官在《进军斯大林格勒》一书中写道:"敌我双方为争夺每一座房屋、车间、水塔、铁路路基,甚至为争夺一堵墙、一个地下室和每一堆瓦砾都展开了激烈的战斗。其激烈程度是前所未有的,甚至第一次世界大战也不能相比。我们早晨攻占了20 米,可是一到晚上,俄国人又夺了回去。"

两军对火车站反复争夺达 13 次之多。在一个大粮食仓库里，两军的士兵非常接近，甚至能够听到对方的呼吸声，经过数个星期的苦战，德军不得不从这个仓库撤走。在城中的另一个部分，由扬科夫·巴甫洛夫指挥的一个 6 人小分队占据了城中心的一座公寓楼，并顽强地进行抵抗。士兵们在大楼附近埋设了大量地雷，并在窗口安设了机枪，还将地下室的隔墙打通以便通信。这座顽强的堡垒后来被苏联人骄傲地称为“巴甫洛夫大楼”。该大楼最后仅剩一堵墙还留到现在，上面雕刻着士兵抵抗的画面，右上角刻着 58 以表明他们 6 人坚守了 58 天。

　　由于德军无法看到战斗结束的迹象，便开始调遣包括 600 毫米迫击炮等重装甲部队开入城内。然而在伏尔加格东岸的苏联火炮部队将德军置于其炮火笼罩之下，而城中的红军防御部队仍然利用废墟进行战斗。由于城内布满了高达数米的瓦砾堆和废弃建筑，德国的坦克部队毫无用武之地，而且即使坦克能够前进，也会遭遇在楼顶的苏军反坦克武器的阻击。

　　此外，苏联的狙击手非常成功地利用废墟作为掩体，给德军造成了极大伤亡。最为成功的一名狙击手到 11 月 20 日为止已经击毙了 224 个敌人，另外一名狙击手也创造毙敌 149 人的纪录。

　　对于斯大林和希特勒来说，斯大林格勒战役都是事关成败的关键第一次世界大战。苏军指挥部将战略重点从莫斯科转移到了伏尔加河地区，并且调动了全国所有的空中力量支持斯大林格勒。两方部队的指挥官都承受着巨大的压力，德军的指挥官保卢斯得了眼部肌肉痉挛的疾病，而朱可夫也在不见日光的地下室司令部忍受着湿疹的折磨，以至于不得不将自己双手完全包扎起来。

　　此时，德军在苏联南部的战线是从库尔斯克和沃罗涅日起，通过斯大林格勒到莫兹多克，长达 1250 英里以上，再加上从库尔斯克到列宁格勒之间的 800 英里，德军在苏联的战线全长已在 2000 英里以上。而以德国的兵力和资源，根本就不足以维持如此长的战线。特别危险的是，从斯大林格勒沿顿河上溯至沃罗涅日共长 350 英里，竟毫无兵力。德国自己腾不出兵力来填补这个缺口，只得在这一线部署了附庸国的 3 个集团军。德国让匈牙利第 2 集团军在沃罗涅日南面，意大利第 8 集团军在东南面更远一些的位置，罗马尼亚第 3 集团军在斯大林格勒正西、顿河湾曲部的右侧。这使得德军战线拉得非常狭长，甚至在有些地段，只有一个野战排来防守整整1到2公里的防线。而苏军在伏尔加河南岸保留了几个攻击点，这对德军构成了潜在的威胁。希特勒并非不知道这些装备和战斗力都极差的附庸国部队是不足以担负这个任务的，但他却深信只要能迅速攻克斯大林格勒，则即可抽出足够的兵力。德国陆军参谋总长弗朗兹·哈尔德表示了忧虑和异议，认为斯大林格勒是不可攻破的，力主放弃这个作战，并向西撤退。希特勒当然不肯听从。结果，希特勒在9月底免去了哈尔德陆军总参谋长的职务，任命原驻法国的德军总司令库尔特·蔡茨勒上将为新一任陆军总参谋长。

9月28日，苏军最高统帅部决定将斯大林格勒方面军改称顿河方面军，司令员为罗科索夫斯基中将；东南方面军改称斯大林格勒方面军，司令员为叶廖缅科上将；近卫第1集团军扩建为西南方面军，司令员图瓦京中将。朱可夫大将和总参谋长华西列夫斯基上将奉命秘密拟制反攻计划。

10月份一个月中，斯大林格勒一直进行着激烈的巷战。苏军又有6个以上的满员师经伏尔加河进入斯大林格勒。德军逐屋战斗，从地面和地下的废墟中找路前进，所以也被称为"老鼠战争"，他们甚至开玩笑说"即使我们占领了厨房，仍然需要在客厅进行战斗"。这场会战已经变成了一个面子问题。对斯大林来说，是绝不能让这座以自己名字命名的城市落入德军之手的。他亲自下令叶廖缅科上将，要求在任何情况下都要坚守该城。每一座房屋，只要有苏联军人，哪怕只有一个人，也要成为敌人攻不破的堡

这位勇士是千万名为保卫斯大林格勒而浴血奋战的战士之一

垒。而对希特勒来说，斯大林格勒的精神价值已超过了其战略价值，非要攻破它不可。当新任陆军总参谋长蔡茨勒将军小心地向他指出第6集团军北翼漫长的顿河战线面临着危险，建议将第6集团军撤到顿河河曲时，希特勒严厉地回答说："德国士兵到了哪里，就要守到哪里！"

经过3个月血腥的战斗至11月初，德军终于缓慢地推进到了伏尔加河

《斯大林格勒》剧照，受战争摧残的市民

岸，并且占领了整座城市 80% 的地区，将留守的苏联军队分割成两个狭长的口袋状，但德军始终未能完全占领斯大林格勒。此外，伏尔加河开始结冰，导致苏联不能再通过船运送补给品给城中守军。尽管如此，马马耶夫高地附近的战斗和北部城区的工厂地带的战斗依然非常激烈。其中，红色十月工厂、拖拉机厂和街垒工厂的战斗为全世界所知晓。当苏联士兵与德军进行枪战的同时，工厂内的工人就在侧旁修复损坏的坦克和其他武器，有的时候甚至就直接在战场上修理武器。坦克由工厂的工人志愿兵驾驶。这些坦克往往直接从兵工厂的生产线上开到了战斗前线，甚至来不及涂上油漆和安装射击瞄准镜。德第 6 集团军司令官保卢斯的副官在这一天的战地日记中写道："苏军在斯大林格勒市民的支援下实施反攻击。市民们也拿起了武器，表现得非常英勇。在战场上可以看到被打死的身穿工作服的工人，他们那已僵硬的手还握着步枪和手枪。在被击毁的战车驾驶舱里，坐着被打死的工人。类似这样的情况，我们从未见过。"

眼看天气又要冷下来，希特勒要求几乎没有多少越冬物资储备的保卢斯在冬天来临之前拿下斯大林格勒。11 月 11 日，保卢斯在斯大林格勒城区内，向苏军据守的阵地发动了最后一次大规模进攻。德军以 5 个步兵师、2 个装甲师和 2 个工兵营在宽 5 公里的正面上发起强攻。战斗队形高度密集。一天之内，苏、德两军为争夺每寸土地、每一座房屋，都进行了异常激烈的战斗，双方伤亡惨重。德军虽然在街垒工厂以南冲到了伏尔加河岸，但部队已疲惫不堪，其攻势已成强弩之末，保卢斯被迫于次日停止了进攻，休整部队。而几天后，苏军就发起了全线大反攻。

苏军反攻的"铁钳攻势"

苏军最高统帅部自 9 月底开始准备大反攻，负责斯大林格勒地区总体战略的红军统帅朱可夫开始向斯大林格勒秘密大规模集结兵力。至 11 月中旬，在斯大林格勒城外的南北两侧的苏军计 3 个方面军 143 个师 110.6 万人，计 15500 门火炮和迫击炮，1463 辆坦克和强击火炮，1350 架飞机。

朱可夫的策略是将德军继续牵制在城内，然后通过打击德军虚弱的外侧来将德军包围在斯大林格勒市区。11 月 13 日，斯大林批准了朱可夫和华西列夫斯基拟制的反攻计划，并亲自给这个计划取代号为"天王星行动"，这与针对德军中央军群的"火星行动"相呼应。该计划规定，西南方面军由图瓦京中将指挥，其任务是从顿河西岸的谢拉莫菲维奇和克利茨卡亚地域桥头阵地实施主攻，突破罗马尼亚第 3 集团军防御，直插顿河东岸的卡拉奇；斯大林格勒方面军由叶廖缅科上将指挥，其任务是从斯大林格勒南面向西北突击，突破罗马尼亚第 4 集团军防御，与西南方面军在卡拉奇会师，完成对德第 6 集团军的合围；顿河方面军由罗科索夫斯基中将指挥，其任务是从斯大林格勒西北面向东南实施辅助性突击，掩护西南方面军的主攻。反攻日期定为西南方面军和顿河方面军为 11 月 19 日，斯大林格勒方面军为 11 月 20 日。

1942 年 11 月 19 日，苏联红军开始实施"天王星行动"。图瓦京的西南方面军和罗科索夫斯基的顿河的方面军在纷飞的大雪中发起了反攻，瓦图京中将指挥的主攻部队包括整整 3 个军团（第 1 近卫军团、第 5 坦克军团和第 21 军团），一共由 18 个步兵师、8 个坦克旅、2 个摩托旅、6 个骑兵师和 1 个反坦克旅组成。在进攻的前夕，罗马尼亚部队似乎已有所察觉，不断向总

苏军俘虏的德军

部要求增援，但是遭到德军总部拒绝。负责防卫德军第 6 军团侧翼安全的罗马尼亚第 3 军团，由于在数量上处于绝对劣势并且缺乏精良装备，仅仅在战斗发起一天之后，阵地便被苏军突破。很快，苏军向前推进了 20 多公里。

11 月 20 日，叶廖缅科的斯大林格勒方面军也在南部转入反攻，突破了防卫该地区的罗马尼亚第 4 集团军的防线，主要由骑兵组成的罗马尼亚军队迅速被歼灭。此后苏军迅速向北直趋卡拉奇。22 日，西南方面军开始分

德军第6集团军司令保卢斯率残部向苏军投降

批渡过顿河。23日，西南方面军和斯大林格勒方面军在卡拉奇会师，从而切断了德第6集团军的后方交通线，完成了对斯大林格勒的包围。至30日，苏军3个方面军将德第6集团军的第4、第8、第11、第51步兵军和第14装甲军计5个军22个师，罗马尼亚和意大利部队以及部分克罗地亚军队共约27万人合围在斯大林格勒1500平方公里的地域内，第6集团军只有约5万人的部队被分割在包围圈之外。

当德军最高统帅部接到苏军发起反攻的消息后，陆军总参谋长蔡茨勒将军力劝希特勒下令保卢斯撤出斯大林格勒，他几乎已经把元首说服了。然而，空军司令戈林元帅却向希特勒保证说，他可以保证空军有能力通过"空中桥梁"为第6集团军提供补给，要多少有多少。一年前在选扬斯克包围圈中的成功空运纪录使得德军将领依然幻想通过强大的空军运输力量来维持第6集团军的战斗力。然而两次空投的最大区别就在于规模的不同。第6集团军几乎相当于普通德国集团军的两倍，另外，同时被包围的还有第4装甲集团军的一部分。事实证明德国空军根本没有提供如此大规模部队的供给的运输能力。在克里特岛战役后，德国空军的实力一直未能得到恢复，而且其每天300吨的运输上限也无法满足每天700吨的需求。但希特勒仍然支持了戈林的计划。希特勒遂下令保卢斯坚守阵地，第6集团军必须留在斯大林格勒，并命令他这个集团军今后改称"斯大林堡垒"集团军。空投计划很快就失败了。严酷的天气条件和苏军强大的防空炮火使得德军的"空中桥梁"无法得以维系。据统计，德军的空投计划只让德军得到10%左右的所需物资，而且这些运输飞机还要从包围圈中运送伤病员回到后方。第6集团军渐渐感受到饥饿的威胁。而在另一面，苏军在不断加强对斯大林格勒的包围圈，而且开始缩小包围圈的行动。

11 月 21 日，希特勒下令将曼施泰因元帅的第 11 集团军扩建为顿河集团军群，由曼施泰因元帅任司令，并把保卢斯第 6 集团军、霍特第 4 装甲集团军和罗马尼亚第 3、第 4 集团军交与他指挥。希特勒在命令中指示："顿河集团军群当前的任务，就是使敌军的攻势停顿，并夺回原已失去的阵地。"这实际上是一个不可能完成的任务。曼施泰因认为，德军唯一成功的机会在于第 6 集团军从斯大林格勒向西南突围，霍特第 4 装甲集团军则从斯大林格勒以南的科捷尔尼科沃向东北进攻，夹击叶廖缅科的斯大林格勒方面军，然后再旋转过来攻击图瓦京的西南方面军的右翼。但 11 月 30 日，希特勒在一次公开演说中表示绝不会从斯大林格勒撤退，并且再次强调被围困的部队绝不能投降，而曼施泰因必须杀开一条血路，打到斯大林格勒。

12 月 12 日，曼施泰因元帅怀着沉重的心情，发起了代号为"冬季风暴"的反攻。德军以霍特第 4 装甲集团军为先导，于 12 月 16 日突破了苏军第 51 集团军在阿克赛河上的防线。至 12 月 19 日，第 4 装甲集团军所属的第 57 装甲军已突进到离南面包围圈 30 英里以内的地方。此时，曼施泰因发现自己也有被数倍于己的苏军包围的危险。于是，他决定不顾希特勒的命令，下令保卢斯立即向南突围与第 4 装甲集团军会合。然而保卢斯在没有接到希特勒的直接命令之前，没有突围的意图，他以燃料不足为由拒绝了曼施泰因的命令，放弃了这最后一次机会。12 月 27 日，苏军发动强大反击将霍特第 4 装甲集团军击退 150 到 200 公里，终于使其退回到原来的阵地，迫使德军统帅部最后放弃解救被围集团的企图。曼施泰因的"冬季风暴"宣告失败。

俄罗斯严酷的冬季开始展现其恐怖的威力。随着战争的持续，天气越来越恶劣，斯大林格勒的温度已降到 −45℃。伏尔加河面的冰层逐渐变厚，因此苏军可以更加便利地补给己方部队。而包围圈中的德第 6 集团军的空运补给越来越少，它每日需 700 吨的补给量，而戈林实运到的，平均每天不到 100 吨。德第 6 集团军濒于弹尽粮绝的境地，口粮的分配已减到了能够维持生活的标准之下，炮兵的弹药开始感到缺乏，医药品和燃料都已经用尽，数千人患上伤寒和痢疾，而冻伤的人就更多，每天都有数千名士兵死于饥饿、严寒和营养失调。一些军官试图说服保卢斯不顾希特勒的命令而迅速突围。但是保卢斯害怕背上违抗军令的罪名，因此坚持按兵不动。12 月

29 日，保卢斯派第 14 军军长胡比中将飞出包围圈去晋见希特勒，把第 6 集团军的情况当面向元首汇报。但希特勒还是命令第 6 集团军死守斯大林格勒，直到明年春天为止。同日，由于蔡茨勒的一再要求，希特勒终于同意把A 集团军群从高加索撤出。

苏联红军合围

1943 年 1 月，苏联红军发起了又一轮攻势，代号为"木星行动"，试图突破顿河地区的意大利军防线，并攻取罗斯托夫。如果这次行动成功，德军南部集团军的余部将被完全围困在高加索地区。苏军虽然始终未能接近罗斯托夫，但是这次行动迫使外围德军与斯大林格勒包围圈内的德军相隔250 公里以上的距离。事实上，德军第 6 集团军已经完全失去了增援。

1 月 8 日，苏顿河方面军司令员罗科索夫斯基中将向德第 6 集团军司令保卢斯上将发出最后通牒，敦促其投降。保卢斯电告希特勒，要求准予他相机行事，但希特勒驳回了他的请求。10 日，罗科索夫斯基的顿河方面军向被围的德第 6 集团军发起了代号为"指环"的进攻，深陷重围的德军开始从斯大林格勒郊区向城区收缩防守。1 月 22 日，苏军占领了古门拉克机场，第 6 集团军的空运补给运输和伤员撤退行动彻底中断了。德军的食物和弹药都极度匮乏。尽管如此，德军仍然顽强抵抗，因为他们相信苏军会处死投降的军人，于是在斯大林格勒城中再次爆发了激烈的巷战。相反，苏军也因包围圈中的德军庞大的数量感到惊讶，因此继续巩固包围圈。保卢斯向希特勒报告说："部队已不能支持了，继续抵抗已毫无意义，请准允我们投降。"他得到的答复是："投降是不可能的，第 6 集团军应在斯大林格勒尽到其英勇的责任，直到最后一人为止。"曼施泰因力劝希特勒批准第 6 集团军残部投降，他说："是该结束这个英勇战斗的时候了，我的元首！我认为第 6 集团军为了牵制俄军已经尽了最后的努力，继续抵抗已经没有意义了。"而希特勒向曼施泰因解释说，"不允许投降，一是因为即使包围圈中的德军分成几个较小的单位，也还可以抵抗相当长的时间；其次，俄国人根本不会遵守对第 6 集团军投降后所许下的诺言。"

1 月 30 日，希特勒授予保卢斯德国陆军元帅节杖，以鼓励其继续抵抗

苏军庆祝斯大林格勒战役胜利的油画

下去。他对约德尔说："在德国历史上，还从来没有元帅被生俘的。"希特勒也希望保卢斯能够战斗到底或自杀殉国。1月31日，保卢斯向总部发出最后一份电报："第6集团军忠于自己的誓言并认识到自己所负的极为重大的使命，为了元首和祖国，已坚守自己的岗位，打到最后一兵一卒，一枪一弹。"但是，当苏军攻入德军设在百货商场内的司令部时，保卢斯选择了投降。同日，苏军第64集团军的第38摩步旅打到了保卢斯的司令部。

"第6集团军无线电台即将关闭！俄军已经攻占！打垮布尔什维克万岁，天佑德意志！"1943年2月1日，被包围的第6集团军司令部发报员自己决定向柏林发出了最后一封感动德国人的著名电报，最后用国际电码写上"CL"，表示"本台停止发报"。

攻到保卢斯司令部的苏军在地下室外叫第6集团军司令部人员投降，第6集团军参谋长施密特将军接受了要求。施密特问保卢斯："请问陆军元帅，还有什么话要说吗？"保卢斯无话可说，只好投降。1943年2月2日，被围困在斯大林格勒城北的第11军残部也宣布投降。至此，斯大林格勒会战结束。德第6集团军司令保卢斯元帅、步兵第4军军长普费费尔中将、第51军军长库尔茨巴赫中将、第295师师长科尔费斯少将等23位将官，2000名校级以下军官和91000名极度饥饿劳累的德军士兵被俘，约14万人死亡，只有3万余伤患者事先陆续空运撤出。

让苏军大为惊喜同时让德军极为失望的是，战俘中包括22名将军。希特勒对这位新陆军元帅极为失望，并公开说"保卢斯差一步就要跨入光荣的殿堂，但是他还是选择了退却"。而被俘的9万多名德军结局也很凄惨。由于苏联当年发生严重自然灾害，导致了大面积农业减产，致使战俘食物不足，大量的战俘被饿死，相传当时的战俘营中，战俘和负责看管的红军战士每日仅配给3个马铃薯，目前没有明确的证据表明这些战俘受到严重的虐待导致大面积死亡。但是，据统计，投降的91000名战俘中，只有6000名得以生还，并回到了故土。如此多战俘死亡的原因是由于大多数战俘本身已经营养不良，缺乏医治，加上红军将他们发配到苏联各地的战俘营中进行强制劳动，使得大多数人死于过度劳累和营养不良。德军十几位高级军官被带往莫斯科，用作苏联的政治宣传工具。包括保卢斯在内的军官们发表了反希特勒宣言，并向德军部队大肆宣传。

尽管在战役结束前数星期，德国的官方媒体已经停止报道相关的消息，但德国民众还是直到1943年1月底，才了解到在斯大林格勒发生的悲剧。这并不是德军遭受的第一次打击，但是这次失败无论在规模还是在战略意义上，都是其他战役不可比拟的。该年的2月18日，德国宣传部长约瑟夫·戈培尔还在柏林发表了著名的演说，鼓动德国国民接受总体战的理念，即利用全国的一切资源和力量来战斗到底。

战争的转折点

无论从什么角度评论，斯大林格勒战役都是第二次世界大战中甚至人类战争史上最为惨烈的战役之一，整个战役持续199天。由于战役规模太大，伤亡者人数始终无法得到准确统计。在战役最后阶段，德军仍然对苏军造成了沉重的打击，同时，苏军也几乎消灭了德军的精锐之师第6军团的全部和第4装甲军团部分。许多学者估计轴心国军队在这场战役中共伤亡60万人，其中包括30万德国军队，15万罗马尼亚军队，7万意大利军队，5万匈牙利军队和5万左右的苏联投降部队。德军伤亡人数中阵亡和俘获的比例非常之高。同时，苏联也付出了沉重的代价，苏军具体伤亡人数为：474871人死亡，974734人受伤。在德军攻入城区的短短1星期内，超过4万苏联市民被杀，而在整个战役中牺牲的平民人数没有准确的统计，但可以说远远超过这个数字。

对苏联而言，这场战役的胜利标志着收复沦陷领土的开始，是第二次世界大战的转折点。

阿拉曼战役

　　1942 年 10 月 23 日，在埃及阿拉曼地区，英国第 8 集团军在蒙哥马利指挥下对隆美尔统率的德、意联军"非洲军团"发起攻击，两军激战 12 天，英军获胜，德、意联军被迫退到突尼斯边境。此次战役史称"阿拉曼战役"。

闯入

　　1940 年 7 月，意大利军队乘英、法在西欧失败无暇东顾之机从埃塞俄比亚进攻东非英军，英军战败。1941 年 1 月，英军卷土重来对意军发动进攻，收复了东非的失地，并在北非重创意军，俘敌 13 万。2 月，德国隆美尔将军率德国非洲军团进入北非地区增援意大利军队。在德意联军的攻势下，英军不得不从利比亚败退。1942 年 7 月，德意联军趁胜前进，自利比亚突入埃及，进抵距开罗只有 350 公里的阿拉曼地区。但由于盟军控制了地中海的制空、制海权，驻北非德军因兵力及装备补给不足而无力继续向前推进，被迫转入战略防御。

蒙哥马利将军

反击

　　同时，英国在美国的支援下不断加强其在北非的军事力量，积极备战。经过周密的准备，英军第8集团军司令蒙哥马利决定于10月下旬发动代号为"捷足"的反攻，在突破德意联军的防御地域后，迅速向西挺进，占领利比亚昔兰尼加和的黎波里塔尼亚全境，配合即将在北非登陆的英、美联军，将德意军队全部逐出北非。

　　1942年10月，德意联军在北非共驻军12个师，10万余人，他们防守在阿拉曼西南从地中海沿岸至卡塔拉盆地之间的地带。而英军此时在北非拥有11个师和4个独立旅，总兵力达23万。

阿拉曼战场

突破

　　10月23日夜，英军向德意联军阵地南北两翼发起进攻。25日，英军在战线北部突破敌军防御阵地。28日，英军调集主力在北部战线继续猛攻，迫使南线德军增援。德军北上增援后，英军立即集中兵力于11月2日凌晨在南线发动了代号为"增压"的战斗，攻击德意联军结合部，并突破德意防区，向西挺进。11月4日，隆美尔在战局不利的情况命令德军向西撤退，4个师的意大利军队随即向英军投降。

　　至此，阿拉曼战役以英军的胜利宣告结束。在这场战役中，双方都付出了巨大的代价。英军阵亡将士达7000多人，而德意军伤亡及被俘人数近6万。

　　这次战役以英军的胜利告终，扭转了盟军在北非战争的格局，也扭转了北非战场的形势。盟军在阿拉曼的胜利使纳粹德国占领埃及，控制苏伊士运河和中东油田的希望破灭了。这次战役结束了非洲军团的攻势，此后，德意法西斯军队开始在北非地区节节败退，直至1943年5月被完全逐出非洲，所以这次战役是法西斯军队在北非覆灭的开端。

库尔斯克会战

德军在斯大林格勒会战失败后，为摆脱困境，防止轴心国集团土崩瓦解，决定在苏、德战场发动大规模夏季攻势，以夺回战略主动权。苏、德之间库尔斯克会战就是在这种背景下爆发的。

德军的准备

在 1942 年 7 月至 1943 年 2 月的斯大林格勒战役中，德军损失惨重。为了挽回败局，振作士气，夺回战略主动权，德军统帅部决定在苏、德战场发动大规模夏季攻势。由于苏军在库尔斯克的防守阵地突出部虎踞，给德军的防线造成了很大的威胁，于是，希特勒决定拔掉这颗眼中钉、肉中刺。在希特勒的策划下，德军力图通过库尔斯克创造一个"德国的斯大林格勒战役"，进而占领顿河、伏尔加河流域，攻占莫斯科，完成其 1942 年未竟之业。

为了取得战役的胜利，德军统帅部从 1943 年 4 月起就开始了大规模的准备，并制订了代号为"堡垒"的作战计划。同年 7 月，德军在库尔斯克地区的南北两侧，即别尔哥罗德地段和奥廖尔区域，以中央集团军群和南方集团军群为主，共集结了 17 个坦克师、3 个摩托化师和 18 个步兵师，配有

德军装甲部队向前开进

2700 辆坦克、2050 架作战飞机,约 1 万门火炮和迫击炮,总兵力达 90 余万人。此外,德军还大量装备了当时最为先进的武器——虎式、豹式坦克和斐迪南式强击火炮。虎式坦克装有 88 毫米的大口径火炮,火力十分猛烈,同时,其前装甲厚达 100 毫米,具备较强的防护能力。显然,同苏军的 T-34 坦克相比,德军坦克占据了相当的优势。

德军的战略意图是摆出"钳"形攻势,从南北双方同时夹攻库尔斯克。在战区南线,德军第 4 装甲师和肯布夫集团组成的南方集团军 16 个师的兵力,在曼施泰因元帅的指挥下,由南向北进攻。在北线,克卢格元帅指挥中央集团军 15 个师的兵力,由北向南进攻。此外,德军还准备了 20 个师为战略预备队。按照德军的作战计划,南北线两支部队将在库尔斯克以东会合,完成合围。

面对德军的强大兵力,苏军最高统帅部决定以牙还牙,倾全力与德军对抗。苏军的战略部署是,由罗科索夫斯基大将率领中央方面军 6 个集团军防守北线,巴什钦大将率领沃罗涅什方面军 6 个集团军防守南线,以草原方面军为战略预备队。苏军投入总兵力为 133.6 万人,配备 3600 辆坦克和强击火炮,两万门大炮和 3130 架飞机,总指挥是朱可夫。

两军鏖战

7 月 5 日凌晨 2 时 20 分,苏联沃罗涅日方面军抢先实施了炮火和航空兵的反准备袭击。霎时,隆隆的炮声,飞机的轰鸣声,各种炸弹的爆炸声打破了深夜的宁静。人类战争史上著名的库尔斯克大会战开始了。

本来，苏军是防御性作战战略，但这提前的反准备炮火却使德军前沿阵地的官兵以为是苏军要向他们进攻了。德军手忙脚乱，致使苏军的炮火先行摧毁了德军部分炮兵阵地，打乱了德军前沿阵地的通信指挥系统。

7月5日清晨6时左右，德军终于开始发起进攻。在北面奥廖尔方向上，莫德尔投入了第9集团军的3个装甲师及4个步兵师，共约500辆坦克及自行强击炮，在25英里宽的战线，向苏中央方面军第13集团军的左翼进攻。德军坦克梯队大都排成一个"楔形"，冲在前端是10辆到15辆装甲最厚的虎式坦克和斐迪南式自行强击炮。斐迪南式自行强击炮是当时德军装甲

苏军在维护战斗机

苏军在运送坦克

最厚的突击炮，可以在1800米的距离击毁T-34坦克。虽然它靠厚重的装甲突破了苏军阵地，但由于在设计上没有配备机关枪，不能摧毁苏军火力点，因而使步兵无法跟进，结果在失去步兵掩护的情况下，很快就被苏军击毁。在整个白天，德国第9集团军的5次突击进攻都被击退。只是到了傍晚，莫德尔再次投入兵力，才勉强楔入苏第13集团军的阵地。即使这样，最大纵深也只有6公里，更多的纵深是2公里至3公里。

同日，德军南方集团军群从南面的别尔哥罗德发起进攻，曼施泰因在不足50公里的战线展开了3个装甲军，由左至右分别是第48装甲军、第2SS党卫装甲军（属霍特的第4装甲集团军）和第3装甲军（属肯夫兵团），进攻兵力共8个装甲师、1个机械化师和5个步兵师，约700辆坦克。当天，霍特的"楔形"坦克队在德国空军及炮兵的强力支援下，突破苏军近卫第6集团军的阵地，但傍晚的一场雨使得攻势暂时停了下来，肯夫的部队也在苏军近卫第7集团军的阵地前受挫。

7月6日清晨，德军再次发起进攻，各部队的正面全都是激烈的血战。莫德尔的第9集团军在伤亡惨重及弹药大量消耗下不得不放弃了前进。两天以来，第9集团军仅仅前进了6到9公里而已，然而却付出了死伤25000人、200辆坦克和自行火炮以及200架飞机的代价。在南面，德军南方集团军群的3个装甲军在损失了近200辆坦克后，继续向奥博扬方向缓慢逼进。

7月7日，莫德尔投入了预备队，但他发起的5次攻势都没能获得多大的进展。南面霍特的攻势则比较顺利，第48装甲军顺利地突破了几个据点，击退了苏军第3机械化集团军。

7月8日，莫德尔集结了300辆德军坦克再度发动了猛烈的攻势，首当其冲的是苏军第3反坦克旅。苏军炮兵直到坦克的距离已很近时才开火。苏军勇猛顽强不畏牺牲，其中苏军一个营在摧毁17辆坦克后，全营只剩3人存活。苏军第3反坦克旅也几乎全军覆没。在南面，苏军第3机械化集团军以40辆T-34对德军第48装甲军展开反击，结果以大败收场。

战至7月10日，莫德尔已经用完了所有的预备队，并且损失了德军将近2/3的坦克。苏军罗科索夫斯基的中央方面军渐渐对德第9集团军展开反击，莫德尔只得转攻为守。在南面，霍特前进到了战略要地奥博扬附近，严重威胁到库尔斯克的南面。其间主力"大德意志"师的豹式坦克频频发生机械故障，但是该师仍然能够发挥相当的战力。位于攻击战线中央的德军第SS装甲军，与第48装甲军联手击退了苏军第1坦克集团军及近卫第2集团军、第5坦克军，迫使苏军后退并重整防线。同时肯夫兵团也打通一条进路，巩固了德军第4装甲集团军的右侧翼。

死亡的德国士兵

　　到 7 月 11 日为止，德军北面中央集团军群的第 9 集团军大约突破了 20 公里，不过已经无法再前进了。德军南面南方集团军则前进了 30 多公里，3 个装甲军都突进到了奥博扬以及交通要地普罗霍罗夫卡的前方。

　　12 日，在普罗霍罗夫卡地域发生了第二次世界大战中规模最大的坦克遭遇战。以 SS 装甲军为核心的德军在普罗赫洛夫卡附近同赶来增援的苏军草原方面军的第 5 坦克近卫集团军展开了一场史无前例的坦克遭遇战。这一天，苏军出动约 850 辆坦克，德军则投入了约 650 辆坦克，双方在 15 平方公里的战场上进行了一场坦克"肉搏战"。德军 SS 装甲军的 3 个师齐头并进，虎式重型坦克在前，马克—5 型坦克在后，以每平方公里 150 辆坦克的密度向苏军展开了冲锋。尽管虎式坦克攻击力极强，但其行驶速度每小时不过 20 公里，加之德军战线狭长，500 辆至 700 辆德军坦克拥挤在一起，难以发挥优势。苏军抓住这一机会，决定以快制慢。战斗一开始，苏军坦克就开足马力冲入敌阵，利用其 T—34 坦克的灵活性，以近战消灭德军坦克。这一大胆的战略令德军始料不及，顿时阵脚大乱。最终，在一片混乱中，德 SS 装甲军遭到重创，不得不撤退，在尸横遍野的战场上扔下了大约 400 辆东倒西歪的坦克残骸，其中包括 70 辆至 100 辆虎式坦克。

　　苏军通过这次战斗彻底摧毁了德 SS 装甲军的战斗力，完全扭转了库尔斯克南线的战局，使南线德军的进攻计划以失败告终。德军在防守阵地突出部南方最远推进仅 35 公里,然后其基本兵力被迫转入防御。

攻击战略遭到彻底破产

苏军击退德军后,又实施了两次进攻战役。

一次是代号为"库图佐夫"的奥廖尔战役。7 月 12 日,苏联西方方面军左翼和布良斯克方面军,在空军支援下对防守奥廖尔地域的德国第 2 装甲集团军和第 9 集团军突然发起进攻。15 日,苏联中央方面军右翼转入反攻,向德军奥廖尔集团南翼实施突击。29 日,苏军收复博尔霍夫,8 月 5 日解放奥廖尔,18 日前进到布良斯克东郊,战线向西推进 150 公里。

另一次是代号为"鲁缅采夫统帅"的别尔哥罗德—哈尔科夫战役。8 月 3 日拂晓,苏联沃罗涅日方面军和草原方面军由别尔哥罗德西北地域向博戈杜霍夫、瓦尔基、新沃多拉加方向并肩实施分割突击,在托马罗夫卡、鲍里索夫卡重创德军,5 日解放别尔哥罗德,11 日,沃罗涅日方面军右翼向博罗姆利亚、阿赫特尔卡、科捷利瓦方向发动进攻,左翼则切断铁路线,包围哈尔科夫。同日,草原方面军小进抵该市外围。22 日中午,该市守军被迫退却。23 日 12 时,草原方面军在沃罗涅日方面军和西南方面军(司令为马利诺夫斯基大将)协同下收复哈尔科夫。苏军战线向南和西南推进 140 公里。

在库尔斯克会战中,德军损失官兵约 50 万人,坦克 1500 辆、飞机 3700余架、火炮和迫击炮 3000 门,其进攻战略遭到彻底破产。此次会战标志着苏、德战争进程完成了根本性转折,德军从此完全丧失战略进攻能力,全线转入防御,战略主动权完全转入苏军手中。

进军意大利

1943 年 7 月，英、美为了迫使意大利退出战争，配合苏军的战略反攻，对意大利开始了一系列的作战行动。

1943 年 1 月，英、美在卡萨布兰卡会议上决定占领意大利西西里岛，以确保地中海航线畅通。5 月的华盛顿会议再次确定，盟军在地中海战区的战略目标是迫使意大利退出战争。7 月至 8 月，盟军地中海战区（总司令为 D.D.艾森豪威尔）与第 15 集团军群（司令为 H.亚历山大）实施西西里岛登陆战役。7 月 25 日，B.墨索里尼垮台，随后以 P.巴多里奥为首的新政府开始与盟军就投降事宜秘密接触。盟军随即决定在意大利本土登陆。

意大利南部战役

9 月 3 日，盟军发起意大利南部战役，英国第 8 集团军越过墨西拿海峡在雷焦卡拉布里亚登陆，意政府与盟国在西西里岛签署秘密停战协定。8 日协定公布后，德军南方战线（总司令为 A.凯塞林元帅）驻意部队实施"轴心"方案，开始解除意军武装。9 日，美第 5 集团军在萨莱诺登陆，英第 1 空降师乘船在塔兰托登陆。10 日，德军占领罗马，意大利海、空军转移至马耳他向盟军投降。

12 日，德军伞兵营救出被拘押在阿布鲁齐山大萨索峰顶的墨索里尼。23 日，墨索里尼在意北部的萨洛成立"意大利社会共和国"，由 R.格拉齐亚尼

意大利守军

113

元帅任国防部长。27日，英军占领福贾。29日，巴多里奥政府正式签署投降书，并于10月13日对德宣战。10月1日，美第5集团军占领那不勒斯。在盟军追击下，德西南战线（原南方战线，11月21日改称"C"集团军群）驻意南部的第10集团军于10月中旬退守以卡西诺为枢纽的古斯塔夫防线，与盟军第15集团军群（辖美第5集团军、英第8集团军）对峙。

意大利中部战役

1944年1月17日，盟军发起意大利中部战役。美第5集团军率先从正面发起进攻，但进展甚微。22日凌晨，美第5集团军所属第6军在安齐奥登陆，但未迅速向纵深推进。德军乘机向安齐奥发起反击，盟军被迫转入防御，与德军对峙。1月至3月，美第5集团军向卡西诺发起三次进攻，未果。5月11日起，盟军再次向古斯塔夫防线发起攻击，形成突破，占领卡西诺。23日，美第6军从安齐奥发起进攻，并于25日与美第5集团军主力会师。6月4日，盟军占领罗马，德军退守比萨至里米尼的阿尔诺防线和哥特防线。9月，盟军向哥特防线发起进攻，先后于2日和21日占领比萨和里米尼，突破德军防御。10月盟军再次发起进攻，由于

盟军攻下意大利

人员、弹药不足，进展缓慢。11月，亚历山大调任盟军地中海战区最高司令，盟军第15集团军群司令由美第5集团军司令M.W.克拉克接任。1945年1月，盟军进抵科马基奥湖、韦尔加托、维亚雷焦一线并转入防御。

意大利北部战役

　　同年 4 月 9 日，盟军第 15 集团军群发起意大利北部战役，企图消灭德军 "C" 集团军群（司令为 H. 菲廷霍夫），解放意大利全境，结束意大利战局。18 日，盟军突破德军防御。20 日，德军奉命撤退。23 日，盟军围歼德军主力于波河以南地区。25 日，意大利北部人民举行总起义。27 日，墨索里尼从米兰逃往德国途中被游击队俘获，次日被处决。5 月 2 日，德军 "C" 集团军群投降。

　　在意大利战局中，盟军伤亡、失踪 32 万余人，德军损失近 66 万人。盟军通过进军意大利牵制了德军大量兵力，并利用意大利境内机场轰炸德国及其占领下的南欧地区目标，从而支援了南斯拉夫人民的反法西斯斗争，配合了苏军在东线的作战行动。

西西里登陆

1943 年 7 月至 8 月间, 英、美军队在意大利西西里岛进行了一次大规模登陆作战。目的是攻占西西里岛, 保证同盟国地中海航线畅通, 并迫使意大利投降。

准备攻占西西里岛

攻占西西里岛的盟军最高司令为 D.D. 艾森豪威尔, 总兵力为 47.8 万人, 舰艇约 2600 艘 (其中运输舰艇约 2100 艘, 其他战斗舰艇约 500 艘), 飞机约 4000 架。德、意方面, 共有守岛部队 12 个师 (含 2 个德军装甲师), 约 26 万人, 但意军战斗力很差。德、意水面舰艇未参战, 但有 16 艘潜艇在地中海中部活动。西西里岛及其附近机场约有德、意飞机 1400 架。由于对情况判断错误, 德、意守军主力大部部署在岛的西端, 防御工事薄弱。按盟军战役计划规定, 美、英军队将分别在西西里岛南部和东南部实施登陆和空降, 夺取重要港口和机场, 然后攻占全岛。

盟军在登陆前近 2 个月内, 轰炸了西西里岛、撒丁岛和意大利本土的空军基地、港口等军事设施, 登陆前 1 周内盟军轰炸最为猛烈, 并攻占潘泰莱里亚岛, 获得了前进机场, 夺得了制空权。此外, 盟军还派出大型水面军

西西里岛风景

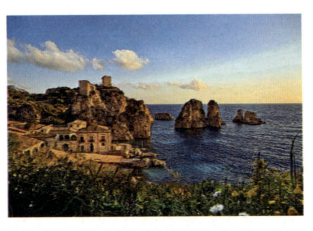

舰和潜艇进行战役掩护, 以防意大利水面舰艇编队的袭击。盟军登陆编队在航渡中不是从北非沿岸直接驶向登陆地域, 而是绕过邦角转向南

再向东行驶，造成进攻西西里以东某处的假象，与此同时对登陆地域不进行预先火力准备等。

在西西里岛登陆的盟军士兵

登陆西西里岛

盟军在实施登陆前，实施了代号为"肉馅"的欺敌计划。

在盟军的伪装策划下，一具看起来像是盟军参谋军官的尸体携带有关攻打撒丁岛和希腊的文件漂浮到了西班牙海岸。德国情报部门截获了此文件。希特勒接到这个情报后，对盟军可能登陆的地点做了错误的判断，把德军主力调往撒丁岛和希腊。但德南线总司令凯塞林元帅依然意识到盟军极有可能进攻西西里岛，于是将德军戈林装甲师和第 15 装甲步兵师派往西西里岛，增强了该岛的防御力量。而此时防御西西里岛的意大利第 6 集团军已辖有 9 个意大利师和 2 个德国装甲师，兵力共约 25.5 万人，由意军将领古佐尼指挥。

1943 年 6 月 11 日，为了取得进攻西西里岛的前进基地，盟军在西西里岛和北非之间的班泰雷利亚岛登陆，俘虏意军 1.1 万多人，从而揭开了西西里岛战役的序幕。两天后，邻近两个小岛的意军也放下了武器。

按照事先的计划，盟军在登陆前对西西里岛和卡拉布里亚实施了战略轰炸，盟军共出动 4000 架飞机在登陆前的 3 周对西西里岛上的机场和设施进行了昼夜轰炸。7 月 1 日，盟军取得了西西里岛及意大利南部的制空权，德、意空军的 1400 架飞机撤到意大利南中部和撒丁岛。

7 月 5 日，盟军攻击舰队从北非的奥兰、阿尔及尔等 6 个港口出发，载送部队前往马耳他岛会合。同时，英国海军出动"无敌"号和"无畏"号航空母舰、6 艘战列舰等大型战舰掩护攻击舰队，航空母舰还向希腊方向佯动，迷惑敌人。

7 月 9 日，盟军舰队在马耳他岛东西两侧集结，就在盟军准备登陆时，天气骤变，狂风怒号，恶浪滔天，德、意军队因此放松了警惕。10 日凌晨 2

西西里岛战场上的
坦克

时 40 分，盟军空降部队首先发动攻击，美军第 82 空降师和英第 1 空降师的 5400 名官兵搭乘 366 架运输机和滑翔机从突尼斯出发，飞向西西里岛。10 日凌晨 3 时 45 分，巴顿和蒙哥马利指挥的 16 万美、英登陆大军分乘 3200 艘军舰和运输船，在 1000 架飞机掩护下，于西西里岛的西南部和东南部实施登陆。海岸意军士气低落，仅进行了微弱抵抗就缴械投降。至中午时分，巴顿和蒙哥马利的部队顺利地登上了各自的目标滩头，并保持着攻击态势。

意军开始反击

登上滩头的盟军也并不是一帆风顺，德、意飞机给盟军滩头部队造成了巨大混乱，它们的装甲部队则差点儿把美军赶回大海。

德军"戈林"师准备在上午 9 时向美军杰拉滩头发起攻击，但因盟军突袭被迫推迟。14 时，德军发动攻击。坚守滩头的是布莱德雷将军指挥的美国第 2 军第 1 师、第 45 师和第 82 空降师、第 504 师。德军拥有最新型的虎式坦克，而美国第 2 军的重武器还未全部上岸，伞兵则根本没有重武器。

"戈林"师的虎式坦克碾过美军第45师的一个营，俘虏了营长。所幸的是，德国坦克兵不熟悉这种新式虎式坦克，结果坦克的机械故障不断，德军未能冲过遍布西西里的橄榄树和葡萄藤，把美军赶回大海。次日（7月11日）清晨6时，德军"戈林"师又发起进攻。装备简陋的美军不畏强敌，奋起迎敌。美国伞兵从背后攻击德军，第505团团长加文用"巴祖卡"反坦克火箭筒在不到3米的距离射击虎式坦克。但坦克的装甲太厚，毫无损伤地继续前进。美国用缴获的意大利火炮射击，也不起作用。

这时第7集团军司令巴顿将军正在杰拉的一座楼顶上指挥战斗，他眼睁睁地看着德国坦克冲到离海滩不足1英里的地方而束手无策。同巴顿站在一起的还有位手持对讲机的年轻海军少尉。这位海军少尉负责海陆协同的联络，自登陆以来就一直被冷落。如今这位少尉见德国坦克横冲直撞，美军束手无策，也不等巴顿发话，就举起对讲机，要求停泊在岸边的美国巡洋舰"博伊西"号和"萨凡纳"号及其他驱逐舰实施炮火支援。美国巡洋舰的8英寸大炮和驱逐舰的5英寸大炮一齐发出怒吼，成群的炮弹落在德国坦克群中，顿时火光冲天，爆炸声不断。

德国坦克的第一次攻击被击退了。几辆美国

盟军在进行炮击

"谢尔曼"式坦克终于开过松软的沙滩，参加战斗。打至14时，德军抛下16辆被打坏的坦克，慢慢向北撤去。

多亏了海军的帮忙，美国第7集团军有惊无险，守住了滩头阵地。可是这天夜间，从登陆伊始就时运不济的美国伞兵又遭厄运。

美军第82空降师504团2000名官兵乘坐144架C—47运输机准备在滩头伞降。师长李奇微采取了十分详细、特殊的措施，以免遭到己方高炮的误击。不幸的是，美军运输机群在德意飞机空袭50分钟后，在漆黑的夜空中飞抵滩头时，被刚刚遭到轰炸的美军高射炮手误判，他们见有飞机低空飞来，不问青红皂白，一齐开火。一架架美军运输机被击成火炬，坠落下来。其他美军飞机仓皇躲避，慌乱中，许多飞机相撞起火。机内伞兵惊恐万状，纷纷跳伞。几分钟内，22架运输机被击落，37架受重创。伞兵伤亡300多人，其中死82人，伤162人，失踪68人。

美军在混乱中度过了两天，但守住了阵地。蒙哥马利指挥的英军没有出现混乱，牢牢守住了滩头，并占领了锡拉库扎和奥古斯塔。德国南线总司令凯塞林元帅在11日的反击以失败告终。

"凯塞林计划"成功

德意军队第一次反攻失利后，凯塞林知道德军大势已去，只好与盟军混战以拖延时间，牵制盟军，然后经墨西拿海峡退至意大利的卡拉布里亚。希特勒亲自批准了凯塞林的计划，将驻卡拉布里亚的德军第29装甲师和驻法国的第1空降师调往西西里岛牵制盟军。

盟军在进攻

在加强兵力的同时，德、意部队加紧调动，以阻止英第8集团军威胁墨西拿。德"戈林"装甲师被调往东部的卡塔尼亚，德军第1空降师也同时在卡塔尼亚空降，德第15装甲师在恩纳附近阻止美第7集团军北进，新调来的德第29装甲师部署在埃德纳火山西南。这样德意部队构筑了从恩纳到卡塔尼亚的坚固防线。

7月13日，蒙哥马利手下的英第13军奋力突击卡塔尼亚，盟军145架飞机载着英第1空降旅1900名士兵从突尼斯出发在卡塔尼亚空降，配合地面部队联合进攻，企图拿下墨西拿。德军的"戈林"装甲师和第1空降师进行顽强抵抗，牢牢控制着从卡塔尼亚通向墨西拿的海岸公路。蒙哥马利正面进攻受挫，被迫调第30军绕过埃德纳火山西侧，在美第 7 集团军的支援下进攻墨西拿。

巴顿不甘心让蒙哥马利独唱主角，他兵分两路，一路由布莱德雷率领美第 2 军在西西里岛中部支援英军作战，一路由凯斯将军率领 1 个暂编军直取西西里首府巴勒莫。7 月 22 日，美军不战而克巴勒莫，俘虏意军 5.3 万人。巴顿的虚荣心得到了极大的满足，艾森豪威尔也为美军的胜利而兴高采烈。与此同时，蒙哥马利的英军却在两个重要方向上都陷入困境，他的第 13 军被阻于卡塔尼亚，而向西迂回的第 30 军也在阿德拉诺地区徘徊不前。蒙哥马利的 6 个师却对付不了德军 3 个师和一些意大利部队。

西西里岛的一名小女孩给盟军士兵献花

巴顿和布莱德雷见蒙哥马利受阻，决心变助攻为主攻，抢在蒙哥马利之前拿下墨西拿，一洗英国宣传机器对美军的奚落。布莱德雷的美第 2 军在攻占北部的佩特拉里亚后，迅速调头东进，沿北海岸公路直扑墨西拿。8 月 1 日，艾伦指挥的美军"大红一师"向特罗伊纳发起进攻。攻击刚开始，由于艾伦低估了德军的兵力和战斗力，结果伤亡惨重，败了下来。德军死守特罗伊纳，与美军殊死搏斗了 7 天才撤离该城。8 月 5 日，英第 8 集团军终于攻克卡塔尼亚，开始沿东海岸公路向墨西拿推进。德军有计划地边打边撤，沿途过河炸桥，并埋下数以万计的地雷。8 月 10 日，德、意部队退到墨西拿附近，由于盟军没有切断墨西拿海峡的计划和行动，4 万德军和 7 万意军用 6 天 7 夜的时间，完成了向意大利本土的敦刻尔克式撤退。

占领西西里岛

盟军向墨西拿的进军变成了美、英两国军队的赛跑。8 月 16 日傍晚，美

指挥西西里登陆的
巴顿将军等人

军第 3 师的先头部队到达墨西拿城下。8 月 17 日上午 6 时 30 分,美先遣部队进入墨西拿。10 时 30 分,巴顿乘坐指挥车率领一个摩托车队驶进墨西拿城里。当天,西西里岛上的一切抵抗均告停止,西西里岛登陆战结束。盟军占领了西西里岛,从此在地中海往来无阻,打开了登陆欧洲的大门。

在西西里岛登陆战役中,盟军共伤亡 22811 人,其中 5532 人死亡,14410 人受伤,2869 人失踪。德意军伤亡 3.3 万人,被俘 13.2 万人,此外还损失坦克 260 辆、大炮 500 门、飞机 1700 架。这次战役虽然没能消灭德军大量有生力量,但达到了迫使意大利退出战争的政治目的。

7 月 25 日,墨索里尼下台,他的继任巴多里奥上台后与盟国进行了秘密联系,试探投降的可能性。然而表面上,他因担心德军攻占意大利而假装继续抵抗盟军。但希特勒毫不客气地占领了意大利。

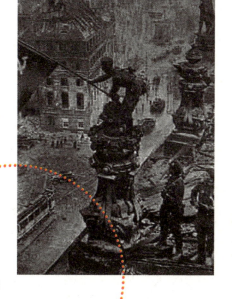

第四章
战争胜利阶段
（1943 年 9 月 ~ 1945 年 9 月）

第二次世界大战已把地球撕成了两半，并以各种形式在实质上把每一半的每一个人卷进战争。它结束时，杀死了好几亿人，在实质上破坏了欧洲每一座重要的城市，劫掠了中国和日本，并且造成了大规模移民、极大的痛苦和无限制的杀戮。胜利能偿付财富、生命及被破坏的损失吗……但另一方面，正像丘吉尔所说："如果我们失败了，那么整个世界，包括美国，包括所有我们关心的人，将会陷入更为凶险、更为黑暗时代的深渊中。"

事实就是如此……

——《剑桥战争史》

德黑兰会议

1943年11月28日到12月1日，罗斯福、丘吉尔同斯大林在伊朗首都德黑兰举行会议，这是苏、美、英三国政府首脑自第二次世界大战爆发以来举行的第一次国际会晤，史称"德黑兰会议"。参加这次会议的还有苏、美、英三国外长和军事政治顾问。

三巨头会面

1943年11月28日，伊朗首都德黑兰秋高气爽，阳光明媚。然而，在这宁静温和的空气里却蕴藏着一种令人紧张的气氛，主要街道都戒严了，军警们三步一岗，五步一哨，如临大敌般盯着各个路口、建筑窗户的每一个可能隐藏刺客的地方。游动哨交叉巡逻着，还有一些暗哨隐蔽着。

不久以后，人们便知道了这一切的原因。原来，这天，苏、美、英三国首脑，第二次世界大战反法西斯战线的三个主要领导人斯大林、罗斯福和丘吉尔将要在德黑兰举行会谈，商议反法西斯战争的下一步行动计划。此

苏、美、英"三巨头"在德黑兰会议上的合影

前，1942年1月1日，包括中国、苏联、美国、英国等26个国家在华盛顿发表了《联合国家宣言》，这标志着反法西斯战线的形成；1941年12月7日，日军偷袭珍珠港，美国海军在太平洋战场遭到惨重失败之后，美、英两国与苏联进一步结成了同盟，共同对德、意、日作战；1942年底到1943年初，斯大林格勒保

德黑兰会议上的斯大林和罗斯福

卫战取得了胜利，彻底扭转了欧洲战场的局势。

下午3点，一辆黑色的伏尔加轿车悄然驶近了一幢看上去很平常的灰色小楼。身着元帅制服、胸佩列宁勋章的斯大林下了车，走进楼里，罗斯福正等着他呢。这位美国历史上连任4届总统的传奇人物身穿蓝色便装，从轮椅上伸出手去，紧紧握住斯大林的手。"太高兴见到你了！"两人几乎是不约而同地说道。这是他们的首次见面。稍后，身材臃肿、行动略显不便的丘吉尔也到了。会谈开始。三国领导人都表示了良好的愿望，希望会谈能取得圆满成功。丘吉尔还把一把特地为了纪念斯大林格勒保卫战而铸造的宝剑送给了斯大林。斯大林郑重地接过宝剑，轻轻地吻了一下，转身递给伏罗希洛夫，命他交给苏联仪仗队。这一切都使会议有了一个良好的开端气氛。

会议的首要问题

会议面临的首要问题是加速击溃德国法西斯，早日结束战争，其中关键问题仍是尽快开辟欧洲第二次世界大战场。在第一次会议上，美、英就对苏联"开火"。罗斯福首先提出与会"目的就是尽快赢得战争的胜利"。接着他宣布了魁北克会议决定，即第第二次世界大战场的开辟"应在1944年5月1日左右付诸实行"。他认为，如果在地中海进行大规模登陆作战，势必把横渡海峡的战役推迟两三个月，"如果不进行地中海战役我们就能实施进军欧洲的霸王战役"。罗斯福表示"我是不想推迟霸王战役的"。

丘吉尔再次企图坚持自己的"地中海战略"的主张，他虽然原则上答应1944年在西欧发动进攻，但不确定具体行动日期。很显然，英国的作战重点仍然放在地中海战役上，为此，即使推迟"霸王"战役实施日期英国也在所不惜。

斯大林认为，迅速击溃德国的上策是"从法国西部或西北部攻入欧洲"，意大利战场只对地中海自由航行具有重要性，但对进一步对德作战则意义不大。他还说，巴尔干离德国心脏太远，所以"最好是把'霸王'战役作

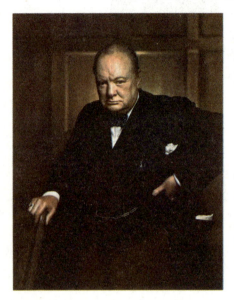

为 1944 年一切战役的基础"。为了协调美、英之间的分歧，斯大林建议最好进行两个战役，一个是"霸王"战役，一个是在法国南部登陆的战役，后者是起支援"霸王"战役的作用。

后来，丘吉尔看到"巴尔干进军"不可能被盟国采纳，而局势迫使他不得不接受"霸王"计划时，就又提出从两路攻入西欧的新方案。

最后德黑兰会议决定，"霸王"战役将和进攻法国南部战役同时于 1944 年 5 月发动，这样一来，英、美在西欧登陆作战的兵力将达 100 万人。同时斯大林也郑重声明，苏军将在同一时期发动攻势，以阻止德军由东线调往西线。

丘吉尔

如何处置德国

罗斯福提出的方案是要把德国分割成五个部分，第一部分是普鲁士，第二部分包括汉诺威和德国西北部地区，第三部分是萨克森和莱比锡地区，第四部分包括黑森—达姆斯达特、黑森—卡塞尔以及莱茵河以南地区，第五部分是巴伐利亚、巴登和符腾堡地区。这五部分中的每一部分都成为一个自治州。此外，基尔运河区和汉堡地区、鲁尔和萨尔地区也要从德国分割出来，置于联合国的管辖之下，使德意志帝国再也不能威胁欧洲和世界的和平。

丘吉尔在原则上虽然赞成分割德国，但同时又提出，把普鲁士从德国分割出来，把德国的南部各省，包括巴伐利亚、巴登、符腾堡、帕拉蒂纳特同奥地利、匈牙利等中欧多瑙河沿岸国家，组成一个多瑙河联邦，维持欧洲的均势，不让欧洲出现一个强大的德意志国家。

斯大林对这个问题，一直持慎重态度。当时罗斯福的特别助理霍普金

斯在他关于德黑兰会议的札记中,谈到丘吉尔和罗斯福关于德国问题的建议时说,苏联代表团对于分裂德国的丘吉尔和罗斯福的两个建议,没有表示特别的热情,而是提请注意必须消除普鲁士军国主义和纳粹机构,即必须实现战后德国的民主化。

确定波兰边界

关于波兰边界问题的讨论,是在不太融洽的气氛中进行的,并做了草率的处理。

1939 年 9 月,德国侵占波兰,苏联乘机出兵收复历史上划在波兰疆域内的西乌克兰和西白俄罗斯地区的苏联领土。同年 9 月 28 日苏、德签订了边界条约,苏联收回了西白俄罗斯和西乌克兰,基本上恢复到 1795 年第三次瓜分波兰时苏波边界的状态,而且还增加了东部加里西亚和立陶宛大部分地区。1940 年该地区通过当地"公民投票"并入苏联。英、美政府反对苏联的行动,坚持认为苏联西部边界线是不合法的,是不能予以肯定的。1941 年 7 月,苏联同在伦敦的波兰流亡政府签订了"苏波互助协定",建立外交关系,虽然承认 1939 年苏、德之间关于变更波兰领土的条约业已失效,但是,苏联政府坚持 1941 年 6 月德国入侵前苏联领土的完整性是不能触动的。而英、美政府则认为 1939 年关于波兰领土的任何变更是不能接受的。这样在波兰边界问题上,苏、英、美三国之间一直存在着严重分歧。

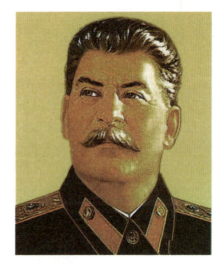

斯大林

在德黑兰会议上,斯大林指出,乌克兰的领土应归还乌克兰,白俄罗斯的领土应归还白俄罗斯,也即是说间接归还苏联。斯大林强调说,苏联与波兰之间的边界线应是 1941 年德国入侵苏联前的边界线,这是苏联宪法所规定的边界线,苏联政府坚持这条边界线不容更改。随着苏军走出国境向西推进,丘吉尔十分害怕波兰会完全落入苏联手中。因此,在德黑兰会议上,英国的态度发生了变化,丘吉尔主动迎合苏联的要求,提出波兰东部的苏波边界线以"寇松线"为界,波兰西部边界向西扩大,用德国的领土补偿波兰在东部失去的领土。通过把德国的东普鲁士的一部分、西里西亚、波美拉尼亚西部并入波兰的办法,使波兰东西边界移至"寇松线和奥得河之间"。丘吉尔这一提案的目的,是企图满足苏联关于边界的要求,来使苏联承认英国在巴尔干半岛的利益。由于苏联提出的苏波边界线和寇松线大致相同,便同意了丘吉尔的建议。美国以前曾反复声明,在战争结束前,对战后欧洲国家的边界或政体问题不做任何最后决定,但在这次会议上,态度也有所改变。罗斯福欣然接受丘吉尔提出经斯大林同意的这个方案,只是要求在美国大选之前严守秘密,因为这一决定关系到六七百万美籍波兰人的选票问题。于是,波兰的边界问题,就这样草率地决定下来了。

苏联对日作战和建立联合国

在这次会议上,斯大林向英、美表示苏联愿意参加对日作战,打垮德国法西斯后,只要给苏联一定的时间,把军队调往远东,苏联将立即参加对日作战。当时斯大林并没有明确提出参加对日作战苏联需要什么补偿,但美、英两国都意识到斯大林暗示出他是有一些要求的。

此外,在德黑兰会议上,罗斯福向斯大林正式提出建立联合国的建议,并画了一张图表说明他对联合国组织的基本结构的设想,并取得了斯大林的同意。

德黑兰会议是第二次世界大战中的一次极其重要的会议,对第二次世界大战的进程和结局产生了重大的作用和影响。

德黑兰会议使苏、美、英三大国之间在重大问题上长期存在的基本矛盾和分歧得到了解决,进一步加强和巩固了反法西斯联盟各国在经济、政治、军事上的团结与合作。德黑兰会议拟订的反法西斯盟国共同打击纳粹德国作战计划,对1944年在欧洲取得反法西斯战争的决定性胜利起了巨大的推进作用。会议对于战后重建世界和平的设想,在三国之间也取得了一致的协议,为联合国的诞生奠定了基础。

诺曼底登陆

　　1944年6月至7月，美、英、加等同盟国军队在法国北部诺曼底地区进行了世界战争史上规模最大的战略性登陆作战，史称"诺曼底登陆"。这次登陆作战是盟军进军欧洲的"霸王"行动的重要组成部分，目的是夺取盟军集团军群在欧洲登陆场，开辟欧洲第二战场，为开展对西欧德军的进攻并配合苏军最后击败纳粹德国创造条件。

为什么选择在诺曼底登陆

　　1943年，斯大林格勒会战和库尔斯克会战后，苏军在苏、德战场转入反攻，美、英盟军西西里岛登陆战役后攻入意大利半岛，意大利于同年9月投降并于10月对德宣战，盟军在太平洋战场也已转入攻势。整个战争形势发生了有利于盟国的根本性转变。

　　早在1941年7月，苏联就正式要求英国在西欧开辟第二战场。1943年1月，美、英卡萨布兰卡会议决定为将在西欧的登陆作战进行准备。3月，盟军成立以英国陆军中将摩根为首的盟军最高司令参

美丽的诺曼底

谋部，着手制订战役计划。5月和8月，罗斯福和丘吉尔先后在华盛顿和魁北克会议上商定，盟军于1944年在西欧登陆，以配合苏军实施战略反攻。11月至12月，罗斯福、丘吉尔和斯大林在德黑兰会议上正式商定，1944年5月由美、英盟军在法国北部诺曼底登陆，同时在法国南部进行牵制性登

盟军诺曼底登陆

陆。随后，美、英任命陆军上将艾森豪威尔为盟国欧洲远征军最高司令。

1944 年 1 月，艾森豪威尔到伦敦赴任，并组建司令部。该司令部副总司令为英空军上将特德，参谋长为美陆军中将史密斯，海军司令为英海军上将拉姆齐，空军司令为英空军上将利·马洛里，英军地面部队司令为英陆军上将蒙哥马利，美军地面部队司令为美陆军中将布莱德雷。在艾森豪威尔的指挥部到达法国前，由蒙哥马利任登陆部队前线指挥。艾森豪威尔到任后将登陆正面战线距离由 40 公里增至 80 公里，并将战役第 1 梯队的兵力由原定 3 个师增为 5 个师。另外由于登陆舰艇数量不足和其他准备工作未能按时完成，将登陆时间由 5 月初改为 6 月初。

为对付盟军登陆，希特勒早在 1941 年 12 月就下令德军以最快速度构筑"大西洋壁垒"，即从挪威到西班牙的大西洋沿岸构筑一道由坚固支撑点和野战工事构成的、设有地雷场和水中障碍配系的永久性抗登陆防线。到 1944 年，德军"大西洋壁垒"远未完成，但仍属较难攻破的防线。不过德军设防重点在加来地区，诺曼底一带防御较薄弱。

充分的战前准备

为隐蔽战役企图，美、英对登陆地域的选择进行了周密分析比较，认为加来地区距英海岸仅 20 海里，便于航渡和支援，但德军防御很强。而科唐坦半岛的诺曼底地区距英海岸 64.8 海里，缺少良港，科唐坦半岛东部又有河网沼泽地和遍布灌木树篱的田块，不利于部队行动，但距英国的上船港口和战斗机基地较近，且德军防御薄弱，海滩和内陆条件较好。因此，盟军最后选定奥恩河口至科唐坦半岛南端为登陆地域，由西向东分为5个登陆地段，代号依次为"犹他"（美军）、"奥马哈"（美军）、"哥尔德"（英军）"朱诺"（加军）和"斯沃德"（英军）。

盟军将登陆部队编成第21集团军群，辖美第1集团军、英第2集团军和加拿大第1集团军。海军编成西部和东部两个特混舰队。西部特混舰队分为"U"和"O"登陆编队，负责输送美第1集团军两个师登陆，由美战术空军第9航空队担任空中支援。东部特混舰队分为"G"、"J"和"S"登陆编队，负责输送英第2集团军3个师（含加拿大1个师），由英战术空军第2航空队担任空中支援。每个登陆编队均有一个舰炮火力支援队担任炮火准备和炮火支援。两个特混舰队还各配有一个后续登陆编队（"B"和"L"编队），负责输送第二梯队登陆。另外在登陆之前，盟军计划在美、英登陆地段分别空降2个师和1个师，作为支援部队。为实施登陆战役和发展陆上进攻，盟军必须在英国集中近300万人的部队，5000余艘舰船（其中登陆运输舰艇4000余艘、作战舰艇1000余艘），1万余架飞机，以保证登陆后增加支援兵力的速度超过德军调动预备队的速度。

盟军还采取一系列战役伪装措施，譬如在英格兰东部虚设一个由巴顿中将任司令的"美第1集团军群"，原驻该处的部队调走后，营地仍伪装得和往常一样；在德机能侦察到的地方设置许多假登陆舰艇、坦克和滑翔机；飞机对加来地区的投弹量比诺曼底地区多一倍；登陆日前夜，盟军小型舰只和飞机对德军进行佯动，并利用电子干扰器材模拟盟军庞大登陆编队和机群。

油画《诺曼底登陆》

盟军的上述措施旨在使德军在登陆日前后都一直认为盟军将在加来登陆并将大量预备队部署在该地区，从而为登陆成功创造有利条件。为保证大量后续部队登陆，盟军还设计建造了在登陆海滩由空心钢筋混凝土沉箱构成的人工港，并制订了铺设海底的输油管计划。同时，盟军在英国本

土储备了大量作战物资，部队反复进行符合实战要求的训练和陆海空三军模拟登陆联合演习。

登陆战役全面展开

6月1日，盟军登陆部队分别在英国南部15个港口上船。原定登陆日为6月5日，由于天气恶劣推迟24小时。各登陆编队从上船港驶抵怀特岛东南会合区后，沿5条航线航渡，由扫雷舰作先导，火力支援舰和飞机担任掩护。通过海峡中心线后，各登陆编队的航道由一条变为两条，分别供快速和慢速舰船使用。

6月6日凌晨，美第82、第101空降师和英第6空降师组成的第一梯队共1.7万人，乘1200架运输机，计划分别在科唐坦半岛南端和奥恩河口附近伞降着陆，任务是夺取海滩堤道和主要桥梁，占领主要登陆地段翼侧要点，阻止德军增援和保障登陆部队突击上陆。空降兵后续梯队使用滑翔机机降。但在计划实施时，伞降按计划完成了任务，机降损失较大。5日午夜全6日5时，盟军派出2500架重型和中型轰炸机实施航空火力准备，他们投弹约1万吨，轰炸登陆地域及其附近。登陆舰艇抢滩前，盟军的大量战斗机和战斗轰炸机又一次对德军防御阵地进行轰炸和扫射。5时30分，盟军100余艘火力支援舰对80公里登陆区域正面实施舰炮火力准备，随即转入火力支援，取得良好效果。在登陆后的纵深战斗中，盟军舰炮继续实施有效的火力支援。

随后，英勇的盟军士兵乘坐各种船舶，冒着德军的枪林弹雨，冲上了诺曼底海滩，他们虽然伤亡惨重，但最终还是打退了德军，成功地在诺曼底登陆。

表现诺曼底登陆的电影剧照

至 7 月初,美、英、加军已在诺曼底登陆 100 万人,车辆 17 万余辆,补给品近 60 万吨。因登陆战场过小,盟军开展了扩大登陆场的作战。7 月 18 日,美军攻占交通枢纽圣洛,分割德军"B"集团军群。美、英、加军抵达卡昂、科蒙、莱赛一线后,形成正面 150 公里、纵深 13 公里至 35 公里的登陆场。至 7 月 24 日,盟军地面总攻的准备工作全部完成,攻占法国的第一阶段诺曼底登陆战役胜利结束。

此役,盟军伤亡 12.2 万人,德军伤亡和被俘 11.4 万人。诺曼底登陆战役,对于盟军在西欧展开大规模进攻,加速纳粹德国的崩溃具有重大意义,为组织实施大规模登陆作战提供了有益经验。

登陆成功的主要原因

盟军之所以能在诺曼底登陆,主要有下面的几个原因:

第一,苏军在苏、德战场胜利反攻,牵制了大部分德军,使战争形势对盟军有利;第二,登陆作战前进行周密细致的准备;第三,掌握制空权和制海权;第四,成功地进行伪装与欺骗;第五,正确选择了登陆方向和时间;第六,在登陆作战主要方向集中优势兵力、兵器;第七,陆海空三军协同作战以及严密组织各种战役保障和后勤保障;第八,法国地下抵抗运动的有力配合。

此外,德军防御薄弱,对登陆方向判断错误和指挥失误,致使塞纳河以北的德军部队不能适时调动和投入作战,也是一个重要原因。

盟军在诺曼底登陆战役中暴露出的问题也不少,比如部队攻击力不强,建立登陆场的速度较慢等,加之受风暴影响,使战役计划的完成推迟了 43 天。

雅尔塔会议

　　1945 年初，德国法西斯临近灭亡，反法西斯战争接近最后胜利，美、英、苏之间的矛盾却日益明显暴露。为加强相互信赖，协调战略计划，尽快结束战争，安排战后国际事务，维护战后和平，美、英、苏三国首脑富兰克林·罗斯福、温斯顿·丘吉尔和约瑟夫·斯大林于 1945 年 2 月 4 日至 11 日在雅尔塔举行会议，史称"雅尔塔会议"。

召开会议原因

　　1944 年 12 月，德军在西线战场比利时的阿登地区对盟军发动了强大的反攻，盟军陷入了困境。1945 年 1 月 6 日，丘吉尔不得不向苏联求援。1 月 12 日，苏军从波罗的海到喀尔巴阡山的整个战线上连续不断地给德军强有力的打击，德军被迫停止了在西线的进攻，缓和了阿登地区盟军的处境。

　　在 1 月战役中，苏军朝柏林方向推进 500 公里，2 月 1 日已达奥得河的屈斯特伦地区，进入了德境，从而为继续进攻取得了有利的战略地位。

美丽的雅尔塔

　　从欧洲战场的全局看，最后击溃德国的日子已指日可待。这时，英、美两国在太平洋和东南亚集结了大量海空军，但要进攻日本本土，其兵力明显不足，这就激发了美国政府要让苏联出兵中国东北对付日本关东军的企图。

　　随着反法西斯军事行动的发展，结束战争和安排战后世界而产生的一系列政治问题需要迅速解决，特别是应该制订盟军在反纳粹德国战争最后阶段的协同一致的军事行动计划，处置战败的德意志"帝国"的基本原则，对日作战，实现战后世界国际安全问题的基本原则，客观上愈加迫切地需要三大盟国举行新的最高级会晤。

正如罗斯福在三大国"巨头"会晤"提要"中所述："为了击败德国，我们应该有苏联的支持。在欧洲战争结束后，为了同日本作战，我们更是绝不可没有苏联。"罗斯福"决心争取在雅尔塔得到"苏联关于参加远东战争的"书面保证"。

会议内容

关于战后处置德国问题，会上决定由美、英、法、苏4国分区占领德国和德国必须交付战争赔偿以及通过了彻底消灭德国军国主义和纳粹主义的一般原则。

关于波兰问题，美、英、苏决定波兰东部边界大体上以寇松线为准，在若干区域做出对波兰有利的5至8公里的领土逸出，同意波兰在北部和西部应获得新的领土，其最后定界留待和会解决；关于波兰政府的组成，三国经过激烈争论，同意以卢布林的波兰临时政府为基础进行改组，容纳国内外其他民主人士。

关于远东问题，苏联承诺在欧洲战争结束后2至3个月内参加对日作战。

关于联合国问题，同意苏联的乌克兰和白俄罗斯加盟共和国为联合国创始会员国，决定美、英、法、苏、中五国为安理会常任理事国，规定实质性问题常任理事国一致同意的原则。此外，会议还讨论了希腊、南斯拉夫、意大利等欧洲国家的有关问题。

会议签署了《雅尔塔协定》，通过了《被解放的欧洲的宣言》和《克里米亚宣言》等文件。此次会议巩固和维护了美、英、苏战时联盟，对协调盟国对德、日作战，加速反法西斯战争的胜利进程和促进战后和平稳定局面的形成起到重要积极作用，为联合国的建立奠定了基础。但会议的某些协议未经有关国家同意，具有明显的大国强权政治和绥靖政策的倾向，严重损害了中国等国的主权、利益和领土完整。上述三大国在会议上做出的战

蒋介石参加雅尔塔
会议

后世界秩序的安排被称为"雅尔塔体系"，对战后世界影响巨大。

这次会议是继1943年的德黑兰会议后的第二次同盟国首脑会议。这次会议的结论在1945年7月至8月举行的波茨坦会议上就有所争议。为争取苏联对日宣战，会中部分内容严重侵犯中国的利益。而且，这些会议内容在会前其他国家并不知情，故其亦有"雅尔塔密约"之称。

雅尔塔会议后续

雅尔塔会议对苏联来说，是一次取得广泛成果的会议。具体的成果包括取得了分区占领德国的权力；确定了有利于苏联的苏波边界，保留了苏联支持的波兰卢布林政府，"大国一致"的原则确立了苏联在联合国的牢固地位和作用，苏联在远东获得了极大的权益。所以，就建立苏联在东欧的势力范围和确保苏联在战后欧洲和世界格局中的有利地位而言，雅尔塔会议实际上是向苏联颁发了承认书和授权书。

雅尔塔会议基本上解决了战后和平与安排的问题。

雅尔塔会议对于缓和盟国之间的矛盾、加强反法西斯统第一次世界大战线、协调对德、日的作战行动、加速反法西斯战争胜利进程以及战后惩处战争罪犯、消除纳粹主义和军国主义势力影响等方面起了重要作用，对战后世界格局的形成产生了深远影响。

同年7月至8月，苏、美、英三国首脑参加的波茨坦会议实际上是对雅尔塔会议的决议和规定做了进一步的补充和修缮。会议主要讨论了德国问题、波兰问题、对意大利等战败国的基本政策和黑海海峡问题等。

此次会议规定，必须使德国非军国主义化、民主化和肃清纳粹主义；苏、美、英、法四国总司令分别在各自的占领区内行使管理权；英、美承认波兰临时政府并与流亡政府断交；波兰西部边界问题由和会最后决定；设立外长会议讨论对德国和意大利等战败国的和约问题；认为关于海峡的《蒙特勒公约》应予修订；哥尼斯堡及其附近地区划归苏联。

莱特湾海战

　　莱特湾海战是发生在第二次世界大战中太平洋战场上菲律宾莱特岛附近的一次海战，有海军历史学者认为莱特湾海战是历史上最大的海战。

写在战役前面的话

　　日本为了击退或消灭盟军在莱特岛的登陆部队，发起了攻势，结果是日本联合舰队战败，此战严重削弱了日本海军的实力。有海军历史学者认为莱特湾海战是历史上最大的海战。在莱特湾海战中日军第一次使用神风特攻队。

　　海战的时间是 1944 年 10 月 20 日至 26 日。在 6 天之内，日军与盟军投入船舰总吨位超过 200 万吨，35 艘航空母舰、21 艘战列舰（主力舰）、170 艘驱逐

美丽的莱特湾

舰与近 2000 架飞机参与了战斗。日军在实力上虽居劣势，但在塞班岛、马里亚纳群岛等战役皆失利后，若再丧失菲律宾群岛或台湾岛，其帝国"南线"资源输送本土的命脉将断绝，在东南亚与中国、朝鲜、本土的联系将被切断，因此日本决定孤注一掷，企图击退盟军在莱特岛的登陆部队，并打败其海上力量。而盟军几经考虑后，决定先从菲律宾登陆，决心以优势兵力掩护登陆，并一举击溃前来支援的日本帝国海军。

　　结果如所预料，数量上处于劣势的日本联合舰队战败。日军 13 艘大型军舰被击沉，日本在菲律宾一带的海基与陆基航空力量被消灭。从此，日本海军在太平洋战争中不再是一股战略力量。此战役也为后来美军成功攻下

菲律宾群岛、冲绳岛等地打下基础。

由于胜利无望，日本此役第一次有组织地发动神风特攻队自杀攻击。10月21日，神风特攻队使澳大利亚所属巡洋舰"澳大利亚"号受到重创，这似乎显示出特攻有些效果。于是，从10月25日起，日军开始有组织地对盟军舰艇大规模进行自杀式攻击。

为什么要开战

1943年的战势迫使日军放弃其在所罗门群岛的基地。1944年，盟军在一系列登陆行动中占领了马里亚纳群岛，突破了日军在太平洋的内防御圈，在6月的菲律宾海海战（马里亚纳海战）中盟军重创日本的航母舰队，自此盟军在西太平洋获得空中和海上的优势。

此时盟军开始考虑其下一步行动。海军上将尼米兹建议进攻中国台湾，将日军阻挡在菲律宾，盟军可以控制联系日本和南亚的海路，切断日本与南亚的驻军的联系，这样在南亚的日本驻军就会得不到补给，必败无疑。麦克阿瑟将军主张在菲律宾登陆，因为菲律宾也位于日本的联系线上，将菲律

日军运送士兵

宾让给日本对美国来说是一件丢脸的事，而且麦克阿瑟1942年逃离菲律宾时曾经发誓重返故地，他要能达到目的才行。结果富兰克林·罗斯福最后决定，在菲律宾登陆。

日方对盟军的战争计划也很清楚。联合舰队最高长官丰田副武制订了四个方案，分别命名为捷1号、捷2号、捷3号和捷4号作战方案。捷1号作战方案是针对菲律宾的重大海军作战方案，捷2号作战方案是针对中国台湾的作战方

参加海战的舰船

案，捷 3 号和捷 4 号作战方案分别是针对琉球群岛和千岛群岛的作战计划。四个作战方案都是孤注一掷的、复杂的和大胆的行动计划，其手段和目的都是将日本所有的力量投入到一次决定性战役。

　　1944 年，美军沿中太平洋和西南太平洋两线向日军发起连续攻势。在尼米兹和麦克阿瑟的联合打击下，日军节节败退。到 1944 年秋，尼米兹的美军中太平洋部队夺取了马里亚纳群岛；麦克阿瑟的美军西南太平洋部队完全控制了新几内亚，下一步美军的主要目标是准备向菲律宾进军。为此，美参谋长联席会议命令麦克阿瑟和尼米兹组成联合部队，于 1944 年 10 月 20 日在菲律宾中部的莱特岛实施登陆。

　　10 月 10 日，麦克阿瑟属下的金凯德海军中将率第 7 舰队 738 艘舰只，运送美第 6 集团军 17.4 万人，在尼米兹属下的哈尔西海军上将的第 3 舰队 16 艘航空母舰、6 艘战列舰以及 73 艘巡洋舰和驱逐舰的支援下，向莱特岛挺进。10 月 20 日，美军在莱特岛大举登陆。当天下午，麦克阿瑟在菲律宾总统奥斯梅纳陪同下，涉水上岸，他站在蒙蒙细雨中，情绪激动地发表讲话："菲律宾人民，我回来了！托万能之主的福，我们的军队又站在菲律宾这块洒满我们两国人民鲜血的土地上了。"

　　对于日本而言，保卫本土固然重要，但是，固守菲律宾群岛、台湾岛和琉球群岛，对于日本的安全来说也是同样重要的。只有守住这个外围岛链，日本才能把不可缺少的石油资源从荷属东印度运往本土。

　　当美先头部队在莱特岛登陆后，日联合舰队司令官丰田副武海军大将立即下达了"捷 1"号作战命令。根据丰田的命令，日水面舰队在海军中将栗田健男的指挥下，分成两部出动。栗田自己带领 5 艘战列舰（包括 2 艘超级战列舰）、12 艘巡洋舰和 15 艘驱逐舰，经中国南海、锡布延海和圣贝纳迪诺海峡驶向莱特湾。他的副手海军中将西村祥治率 2 艘战列舰、1 艘巡洋舰和 4 艘驱逐舰经苏禄海，进至苏里高海峡。两人定于 10 月 25 日早晨由南北两面同时冲进莱特湾，夹击美国的两栖舰队。为了使这支铁钳似的两臂力量更均衡，丰田命令仍在琉球群岛的志摩中将率领他的 3 艘巡洋舰和 4 艘驱逐舰向南航行, 同西村会合。同时又令小泽治三郎中将率由 4 艘航母组成的编队自濑户内海南下, 来引诱哈尔西, 企图把他从莱特岛引开。

在此, 需要补充说明的是, 美国海军进攻菲律宾的登陆点在莱特岛。美军威廉·哈尔西海军上将的第 3 舰队航空母舰特混舰队用于掩护两栖作战并寻歼日本舰队。托马斯·金凯德海军中将的第 7 舰队的旧式战列舰以及护航航空母舰用于支持登陆部队。

美军战舰

1944 年 10 月 12 日, 尼米兹的航母对台湾岛进行了一次空袭来保证那里的日本飞机无法介入在莱特岛的登陆。日本也开始执行"捷 1"号作战方案, 一波又一波的飞机被投入对美国航母的战斗, 美国的航母逐架消灭日本飞机, 在此后 3 天中日本损失了 600 架飞机, 这几乎是它大部分的空军力量, 这使得它的海军基本丧失了空军的保护。

此时再来看"捷 1"号作战方案, 日本人的设想不禁使人发笑。在日本人的方案中, 小泽治三郎中将的机动部队使用航母将美国第 3 舰队从其应该保护的登陆力量引走。美国登陆力量在丧失其空中掩护后, 将受到从西方开入的三支日本舰队的打击: 驻扎在文莱的栗田健男中将率领第 2 舰队进入莱特湾消灭盟军登陆力量, 西村祥治和志摩清英中将的舰队组成第 5 舰队作为运动攻击力量, 这三支舰队没有航母和潜艇, 完全由水面舰只组成。

这个计划的结果是这 4 支舰队中至少 1 支要被消灭, 战后丰田对美国调查者是这样解释的:"假如我们丧失菲律宾, 而舰队幸存下来, 那么我们南北之间的海道就被割断了。假如舰队待在日本领海的话, 那么它得不到燃料补给。假如它待在南海的话, 那么它就得不到武器弹药的补给。因此假如我们失去菲律宾的话, 那么保存这支舰队也没有意义了。"

而实际上, 此时的日本兵力已经无法支撑起"捷 1 号"方案的"宏伟蓝图"了。

战役过程

1944年10月20日，美军一支两栖部队进攻菲律宾群岛中部的莱特岛，莱特湾战役正式开始。同一天，日军一支部队从莱特岛东南部进入阵地，美军第7舰队的潜水艇发现日军这支攻击部队。

栗田的舰队于10月24日进入莱特岛东北的锡布延海。在锡布延海海战中他受到美国航空母舰的攻击，"武藏"号战列舰被击沉。栗田调头撤退，美国飞行员以为他就此退出战场，但稍后他又一次调头进入圣贝纳迪诺海峡并于清晨来到萨马岛。

西村少将的舰队于10月25日清晨3点进入苏里高海峡，正好撞到美军的作战舰队。在苏里高海峡海战中，"扶桑"号战列舰和"山城"号战列舰被击沉，西村战死，他的剩余力量向西撤退。

哈尔西上将接到小泽的航空母舰舰队到达的消息后，于10月25日派他的航空母舰追击，在恩加尼奥角海战中将4艘日本航空母舰击沉，小泽的剩余力量逃往日本。

栗田的舰队于10月25日清晨6时到达萨马岛。此时哈尔西正在追击小泽，在栗田的舰队和美国的登陆舰队之间，只有3艘美国护卫航空母舰和它们的驱逐舰。在萨马岛海战中美国驱逐舰的鱼雷攻击和无情的空中打击，使栗田以为他遭遇了美军主力，又因为天气不利，他转身撤出战场。

海战中，日军损失惨重

锡布延海战

栗田最强大的"中心舰队"由5艘战列舰（即"大和"号、"武藏"号、"长门"号、"金刚"号和"榛名"号）组成，加上10艘重巡洋舰、2艘轻巡洋舰和15艘驱逐舰。栗田凭借这支强大的计划舰队突破圣贝纳迪诺海峡，攻击莱特湾内的美国登陆舰队。

但不幸的是，1944年10月23日子夜，栗田的舰队经过巴拉望岛水域

日军在甲板上集结

时，被美国潜艇"海鲫"号和"鲦鱼"号发现。虽然"大和"号上的电报员截获了两艘潜艇报告他们发现这支舰队的电讯，但日本舰队没有采取反潜行动。凌晨6时43分，美军"海鲫"号（SS-247）首先发动攻击，在1000米距离上对准日军重巡洋舰"爱宕"号和"高雄"号各射出6枚鱼雷，"爱宕"号中4雷沉没，"高雄"号中2雷重伤。6点56分，"摩耶"号重巡洋舰则被美军"鲦鱼"号命中4雷沉没。日军"高雄"号重巡洋舰被鱼雷击中后，在2艘驱逐舰的保护下返回文莱，美国潜艇紧紧尾随。

10月24日，由于美军"海鲫"号搁浅被迫放弃追击。栗田将他的旗舰移到"大和"号上。

10月24日约8时整，美国"无畏"号航空母舰上的飞机发现栗田的舰队进入狭窄的锡布延海。哈尔西命令集结第3舰队的3支航空母舰分舰队，集中攻击栗田的舰队。从"无畏"号和"卡伯特"号航空母舰和其他航空母舰上起飞的共260架美军飞机不断攻击这支舰队。栗田舰队醒目的"大和"号和"武藏"号成为美机主要攻击的目标。"妙高"号重巡洋舰首先中弹，舰尾被命中1雷，负重伤返航。"武藏"号、"大和"号和"长门"号相继中弹，"武藏"号在六波攻击中共被命中鱼雷19枚、炸弹17枚（另有近失弹18枚），而后沉没，"大和"号、"长门"号均受伤，航速被迫下降至24节，"金刚"号、"榛名"号受轻伤，轻巡洋舰"矢矧"号中弹，驱逐舰"滨风"号、"清霜"号受伤返航。由于日军舰队缺乏航空掩护，该日下午3点半，栗田下令他的舰队转头开出美国航空母舰的袭击范围。他等到下午5时15分，再次转向开向圣贝纳迪诺海峡。因为他的舰队无暇顾及受重伤掉队的"武藏"号，"武藏"号最后约于19:30倾覆沉没。

与此同时，大西泷治郎中将派驻吕宋岛的80架日本飞机袭击了美军"埃塞克斯"号、"本宁顿"号、"普林斯顿"号和"兰格利"号航空母舰。

"普林斯顿"号被一枚穿甲炸弹击中起火,其后弹药库爆炸,当场有229人阵亡,236人受伤,其他附近船只也被损坏,"普林斯顿"号也被击沉。美军该分舰队负责向北边警戒任务,导致无暇派飞机搜索北方水域,很晚时小泽的诱饵舰队才被美军飞机发现。

苏里高海峡海战

西村的日军南路舰队由战列舰"扶桑"号、"山城"号以及"最上"号重巡洋舰和4艘驱逐舰组成。1944年10月24日它们遭到空袭,但未受伤。

由于日军南路舰队和中路舰队电报寂静,西村无法与栗田和志摩协调他们的步骤。当他于凌晨2时整进入苏里高海峡时,志摩在他后面约40公里,而栗田还在锡布延海,离莱特岛的海岸还有好几个小时航程。

日军南路舰队刚刚开过帕纳翁岛就闯进了美国第七舰队为他们设置的圈套。杰西·奥尔登多夫少将的6艘战列舰(分别是"宾夕法尼亚"号、"加利福尼亚"号、"田纳西"号、"密西西比"号、"马里兰"号、"西弗吉尼亚"号)、8艘巡洋舰(分别是"什罗普郡"号、"博伊西"号、"菲尼克斯"号、"哥伦比亚"号、"丹佛"号、"明尼阿波利斯"号、"波特兰"号、"路易斯维尔"号)、29艘驱逐舰和39艘鱼雷艇已经严阵以待。

由于美军缺乏在夜间作战的飞机,故只能用装备雷达的鱼雷艇来搜寻情报,同日晚上,美国鱼雷艇发现西村舰队,美军13个鱼雷艇分队分别向西村舰队发动鱼雷攻击,但无一命中,美军鱼雷艇PT-493触礁沉没,但为第7舰队提供了大量情报。

同日3时,美军第54驱逐舰中队第一部分3艘驱逐舰在7000米至8000米距离上向西村舰队发起鱼雷攻击,共射出27枚鱼雷,1枚鱼雷击中"扶桑"号中部,"扶桑"号即刻落伍,随之右回转后撤,8分钟后全舰失去动力。

同日3时9分,第54驱逐舰中队第二

被击中的日军战列舰

莱特湾海战中的美军航母

部分也发射了鱼雷, 日军前导驱逐舰"山云"号首先中雷, 随即发生大爆炸沉没, "朝云"号前主炮下方中弹, 舰艏折断, 航速下降至12节, 战列舰"山城"和驱逐舰"满潮"相继中雷受伤, "山城"号前后命中两枚鱼雷, 中后部主炮无法工作, 但仍坚持前进。

同日3时45分, 日军落后的"扶桑"号中部燃料舱和3、4号主炮塔弹药舱发生大爆炸, 舰体断裂, 舰艏部分于4时20分被击沉, 舰尾部分在1个多小时后也沉没。战后谁也不知道"扶桑"号上发生了什么, 因为全舰无一幸免, 阵亡人数在1400人至1600人之间。

同日3时50分, 美军战列舰、巡洋舰编队采用海军炮战经典战法, 排成两列"T"字横队(战列舰在后, 距离2万米, 巡洋舰在前, 距离1.4万米), 用全正面交叉火力在雷达引导下, 对日军舰队共发射大口径主炮炮弹245发, 巡洋舰发射炮弹4000多发, 第56驱逐舰中队也对其进行鱼雷攻击, 共命中鱼雷2枚, 顷刻间, 日军"山城"号剧烈燃烧并发生爆炸, 舰桥崩塌, 并于4时19分沉没, 西村中将以下除10人被美军救起外, 其他均随舰葬身鱼腹。日军"最上"号也中弹多处, 其中防空指挥所被直接命中, 舰长、副长、航海长等几乎所有的高级军官全部被炸死, 只好由炮术长荒井大尉代理指挥。"时雨"号驱逐舰也有5处受创。

同日4时25分, 日将志摩的"那智"号和"足柄"号重巡洋舰以及8艘驱逐舰到达战场。志摩以为他看到的那两段残片是西村的2艘战列舰的剩余(实际上它们是"扶桑"号的两段), 意识到通过海峡是毫无希望的, 因此下令转身撤退。在混乱中他的旗舰"那智"号与焚烧的"最上"号相撞, 致使"最上"号丧失机动能力, 第二天被飞机击沉。志摩舰队在撤退过程中, 受到美军舰载机的追击, 日军轻巡洋舰"阿武隈"号和驱逐舰"不知火"号相继被击沉。

苏里高海战是人类历史上最后一次发生在战列舰之间的海战, 是海战史上组织最成功的战例之一。美军以1艘鱼雷艇为代价, 获得了击沉2艘战列舰 1 艘、重巡洋舰、3 艘驱逐舰,伤 1 艘重巡洋舰、1 艘驱逐舰的骄人战绩 (轻巡洋舰"阿武隈"号和驱逐舰"不知火"号不作为战果统计)。

恩加尼奥角海战

"瑞鹤"号沉没前小泽的舰队由"瑞鹤"号、"瑞凤"号、"千岁"号和 "千代田"号 4 艘航空母舰,第一次世界大战时建造的战列舰改装成的"伊 势"号和"日向"号 2 艘航空战舰,3 艘巡洋舰和 9 艘驱逐舰组成。其中, "瑞鹤"号是最后一艘参加过珍珠港事件幸存至此的航空母舰,"日向"号 和"伊势"号的后部炮塔被改成机库、跑道和起飞机构,但这两条船都没有 带飞机。小泽的舰队一共只有 108 架飞机。

一直到 1944 年 10 月 24 日下午 4 时 40 分,负责诱饵任务的小泽的舰 队才被美军发现。此时美军正在对付栗田的舰队和吕宋岛的空袭。

哈尔西认为,他有机会消灭所有日本在太平洋上的航空母舰,这样一 来,美国可以无忧虑地进攻日本本土。他相信栗田已经在锡布延海战中被 击退,因此他于子夜后带领所有的航空母舰和威利斯上将的战列舰开始追 击小泽。虽然美国侦察机发现了栗田开向圣贝纳迪诺海峡,但哈尔西认为 金凯德的第 7 舰队足以对付它,所以未加理会。

美国海军官兵在观察敌情

美国舰队的数量比日本舰队多得多。哈尔西的舰队拥有 9 艘航空母舰 ("无畏"号、"大黄蜂"号、"富兰克林"号、 "列克星敦"号、"邦克山"号、"黄蜂"号、"汉 考克"号、"企业"号、"埃塞克斯"号)、8 艘 轻航空母舰("独立"号、"普林斯顿"号、"贝 勒伍德"号、"科本斯"号、"蒙特利"号、"兰 格利"号、"卡伯特"号、"圣哈辛托"号)、6 艘 战列舰("亚拉巴马"号、"依阿华"号、"马萨 诸塞"号、"新泽西"号、"南达科他"号、"华 盛顿"号)、17 艘巡洋舰和 64 艘驱逐舰。他的 舰队还有 1000 多架飞机,但他将登陆点让给 了几艘护卫航空母舰和驱逐舰,因为哈尔西被小泽的诱饵给引诱出来了。

10 月 25 日早，小泽下令 75 架飞机起飞攻击美军，但这些飞机没有给美方造成多少损失，大多数飞机被美国战斗机击落，少数飞往吕宋岛。

哈尔西亲自率领第 34 特混舰队的战列舰急速前进，准备用大口径舰炮直接去对付小泽舰队前卫的战列舰以及在舰载机空袭中掉队的日舰。清晨，在还没有确定日军的精确位置的情况下，美军就起飞了 180 架飞机。直到 7 时 10 分，侦察机才找到了北路舰队。8 时，美军战斗机摧毁了保护舰队的 30 架日军飞机

"那智"号巡洋舰

并开始了不停的空袭，他们一共进行了 857 架次袭击。小泽舰队的航空母舰纷纷中弹，其中"千岁"号和一艘驱逐舰沉没，"瑞鹤"号、"千代田"号和一艘巡洋舰丧失了机动力。小泽将他的旗舰改到另一艘巡洋舰上。

这时萨马岛战斗的消息传来。美军登陆军的情况紧迫，第 7 舰队的护航航空母舰因为栗田的舰队突然出现，而不断发报向哈尔西求援。连坐镇珍珠港的尼米兹也给哈尔西发了一份简短的电报：第 34 特混舰队，在哪里？但负责电报加密的军官，随意添加了一句"全世界都想知道"，哈尔西的译码军官误以为是正文未加删减，这使哈尔西怒不可遏，他下令南下，只留下了 2 个航空母舰大队以及一小支由巡洋舰和驱逐舰组成的舰队来收拾小泽的残余船只。

下午在击沉几艘日本航空母舰后，美军的空袭集中在 2 艘改装的战列舰上，但日舰密集的防空火力有效地抵挡了空袭。美军的空袭一直到傍晚，小泽舰队作为诱饵的全部航空母舰，还包括 1 艘巡洋舰、2 艘驱逐舰全被击沉。不过不得不承认，日军"诱敌部队"取得了出色的成功。但通信混乱也同样发生在日本方面，小泽发出诱敌成功的电报，栗田却没有收到。不过这再次使栗田的舰队免遭全军覆没。

萨马岛海战

萨马岛之役栗田舰队击沉美军 2 艘护卫航空母舰,日军损失 3 艘巡洋舰,3 艘主力舰受重创。

栗田的舰队于 10 月 25 日凌晨进入圣贝纳迪诺海峡,它们沿萨马岛的海岸向南进发,于黎明时分发现美国舰队。

金凯德上将用 3 支美军舰队来阻挡栗田舰队,每支美军舰队由 6 艘护卫航空母舰和 7 到 8 艘驱逐舰组成。每艘护卫航空母舰带约 30 架飞机,一共有 500 多架飞机。不过护卫航空母舰行进速度比较慢,装甲薄,对付战列舰它们没有多少把握。

金凯德错误地以为威利斯·李的战列舰还守护在圣贝纳迪诺海峡,因此那里没有危险,事实上李被哈尔西调走去对付小泽去了。当日本舰队在萨马岛出现时美军大吃一惊。哈尔西的舰队已经被诱敌战术调走远离莱特湾,但是栗田对此却一无所知。栗田错误地将那些护卫航空母舰当作了美国的航空母舰舰队,他还以为整个美国第 3 舰队在他的 18 英寸炮口前呢。

美国护卫航空母舰立刻向东后撤,希望坏天气可以影响日本炮的精确度,同时立即发报请求支持他们,因为紧张,他们甚至用明码发报。美国驱逐舰企图分散日本战列舰的注意力来取得时间,它们自杀般地对日舰发鱼雷,以吸引日舰火力。为了躲避鱼雷,日舰不得不打散自己的队形,"大和"号被两条平行的鱼雷逼迫背向而行,无法转身,怕被它们击中,这样损失了足足 10 分钟的时间。虽然 4 艘美国驱逐舰被击沉,其他美舰受伤,但它们为美国航空母舰争取到时间让它们的飞机起飞。这些飞机没有时间转装穿甲炸弹,因此它们只能带着它们正带着的弹药起飞(有时甚至是深水炸弹)。然后美军航空母舰继续南逃,而日本

莱特湾海战中的美国空军战斗机

战列舰的炮弹不断在它们周围爆炸。一艘美军航空母舰被击沉,其他受伤。

由于栗田舰队未完成整编队形便发动进攻,加上美军驱逐舰的攻击将他的队形打破了,日军各战队散乱在广阔的海面上。栗田丧失了对战事的战术指挥,他的 3 艘重巡洋舰遭遇美军海上和空中的密集袭击而沉没。栗田于 9 时 20 分下令北转整理队形。躲过栗田舰队袭击的美军护卫航空母舰遭受的打击并没有结束,它们被日军"神风特攻队"自杀飞机击沉一艘,另两艘遭到重创。

不久栗田的舰队改变航向,驶往莱特湾。就在日本计划就要得逞的时候,栗田再次北转撤退。他察觉美军支援舰队正向他包围过来,因此他感觉参战的时间越长,他所遭到美国强大空袭的可能性就越大。在不停的空袭下,他向北然后向西穿过圣贝纳迪诺海峡。往返航行 300 海里的美军第 3 舰队于 26 日日出后,派舰载机对栗田舰队的掉队舰只进行了袭击。

在美军的袭击中,栗田的舰队"长门"号、"金刚"号和"榛名"号受重创。栗田带 5 艘战列舰进入战场,但当他回到日本时,只有"大和"号还有作战能力。

战役结局

莱特湾海战从海上保证了美军的登陆点,在此后,美军经历了更艰苦的莱特岛战役,一直到 1944 年 12 月末才完全控制了该岛。

莱特湾海战是太平洋战争中最后一次大海战,也是历史上最大的一次海战。这场海战消灭了日本的海军力量,除了陆上基地的飞机外,日本海军几乎已不存在了,美军取得了绝对的制海权。小泽在战后受审时说:"在这第一次世界大战之后,日本的海面兵力就变成了绝对性的辅助部队,除了某些特种性质的船只以外,对于海面军舰已经是再无任务可派了。"

海战末期,据守菲律宾北部空军基地的日本海军大西泷治郎中将,批准了神风特攻队向莱特湾内的盟军舰队发动自杀性攻击的请求。10 月 25 日在神风特攻队的攻击下,皇家海军"澳大利亚"号巡洋舰再次被创,不得不退出战场修复。美国一艘护卫航空母舰也被神风特攻队击沉,还有 5 艘被伤。

"市场花园"计划

    1944年6月6日，在盟军登陆诺曼底开辟第二次世界大战场后，为尽快击败纳粹德国，结束持续多年的战争，英国蒙哥马利元帅向艾森豪威尔提出代号"市场花园"的作战计划。

有关背景

    "市场花园"作战计划的提出，一方面是因为蒙哥马利受辱：在与美国巴顿将军的竞争中，巴顿所率美国第3军进展迅速，使蒙哥马利处于下风，他不赞成艾森豪威尔坚持的广泛正面进攻策略；另外一个原因便是希特勒对英国本土实施导弹攻击（指V2火箭）。情报指出火箭发射地点可能位于荷兰境内，为免除英国国内的舆论压力，丘吉尔亦赞成此攻击计划，以消除导弹威胁。

有关计划

电影中的巴顿将军

    "市场花园"作战计划的详细内容是：辖美国第82、第101空降师，英国第1空降师，波兰第1伞兵旅，司令为L.H.布里尔顿中将的盟军第1空降集团军，在地面部队发起进攻前30分钟，沿艾恩德霍芬至奈梅亨、阿纳姆公路空降2个师，在阿纳姆空降1个半师，以夺取威廉敏娜运河、南威廉斯运河、马斯河、马斯河—瓦尔河运河、瓦尔河和下莱茵河上的桥梁，另留1个师机动，待占领机场后再向阿纳姆空降（代号为"市场"），保障地面部队前出到下莱茵河右岸（代号为"花园"）。这些地面部队的具体行动包括：登普西的第2集团军向阿纳姆进军，与空降部队会合；霍德罗克斯第30军的一个半装甲师，2个半步兵师担任主攻先锋部队；第12军的1个装

149

甲师、2个步兵师负责掩护30军的左翼；第8军的一个装甲师、一个半步兵师保卫30军的右翼。空降兵从英国起飞，采用2条航线分3批空降。

计划是美、英争夺指挥权，蒙哥马利的真正目标是柏林，在占领阿纳姆后，蒙哥马利命令手下的第2集团军及4个半空降师绕过鲁尔区的北部，越过德国北部平原直扑柏林，他还命令霍奇斯的第3集团军从东路经亚琛抵达科隆，由南面保卫鲁尔区，与登普西会师后进攻柏林。

这个作战计划刚开始就遭到了美军将领的激烈反对，布莱德雷认为这个计划充满诡计和欺骗，是一个冒险战略，根本不像出自极端保守的蒙哥马利之手。但由于来自盟军高层的压力，艾森豪威尔遂同意此作战计划。但是事与愿违，由于过分乐观，蒙哥马利麾下的情报部门忽略了荷兰境内有武装党卫军装甲部队驻防之情报，还有开战后各部队联络协调出现了问题，致使"市场花园"战役最后没有成功，这是后话了。

9月17日12时30分至14时05分，"市场花园"作战计划开始实施，盟军约1550架运输机和近500架滑翔机载运各空降师突击梯队空降，同时1113架轰炸机和1240架战斗机担任掩护任务。18日，盟军1360架运输机和1203架滑翔机空运各师的后续梯队。

美国第101空降师在费赫尔地区空降，当日夺取附近南威廉斯运河大桥并攻占宗镇，18日与地面先头部队会合，日落前攻占艾恩德霍芬。美国第82空降师在赫拉弗地区空降，当日夺取马斯河和马斯河—瓦尔河运河大桥，19日与地面先头部队会合，20日日落前夺取奈梅亨附近的瓦尔河大桥。英第1空降师在阿纳姆地区空降，但此次空降离预定目标12英里远，他们不得不徒步去占领大桥，在路上他们遭到德军装甲兵和步兵的猛烈反击，未能夺取莱茵河大桥，被迫转入防御。该师后续梯队及21日在下莱茵河南岸空降的波兰伞兵第1旅，亦遭德军大量杀伤。25日夜，该师向莱茵河南岸撤退。次日拂晓，未渡河的6000余英国人被俘。

此役是第二次世界大战中规模最大的空降战役，盟军出动运输机5500余架次、滑翔机2400余架次，在敌后空降3.5万余人、火炮568门、车辆1927辆、物资5230吨，空降兵损失约14700人，德军损失3300人。盟军因错误估计德军在阿纳姆地区的兵力，空降地域距目标过远，地面部队进展缓慢等原因，没有达到预期目的。

菲律宾战役

　　1941年12月8日至1942年5月7日，日军为摧毁美、菲军队和美国亚洲舰队，攫取资源丰富的美属殖民地菲律宾，给以后进攻荷属东印度和澳大利亚创造有利条件，从而实施的战略性战役，发动了"菲律宾战役"。

战役企图

　　美国在菲律宾的克拉克和甲米地建有亚洲最大的空军、海军军事基地，这构成了日军南进的障碍并威胁到日本本土安全。日军企图攻占菲律宾群岛，夺取美军事基地，控制日本本土与东南亚之间的海上交通线，为进攻荷属东印度创造条件。

　　为此，日军计划派遣驻中国台湾的航空部队实施

菲律宾美军苏比克海军基地

航空火力突击，消灭美驻菲航空兵主力，夺取制空权。同时，日军先遣部队在海军支援下在吕宋岛多点登陆并占领机场，航空兵适时前移，以保障陆军主力在林加延湾登陆并占领马尼拉。另外，日军在南部占领菲律宾第二大岛棉兰老岛，随后南北攻击，占领菲律宾全部岛屿。

战役兵力

日军进攻菲律宾

参加这次战役的日军有第14军团（司令官本间雅晴中将）、海军菲律宾战役联合编队（司令为高桥伊望中将，辖有巡洋舰10艘、驱逐舰29艘、航空母舰1艘和水上飞机母舰3艘）、陆军航空兵第5兵团（司令为小冰英良中将，辖有飞机200架）、海军基地航空兵第11航空队（司令为冢原二四三中将，辖有飞机300架）以及约100艘运输船和辅助船只。

在菲律宾群岛的美、菲集团计有13万人（麦克阿瑟中将任司令，其中包括3.1万美国人）和270多架飞机（其中可作战的飞机有142架）。美国亚洲舰队（司令为哈特上将，辖有主要类型的战斗舰艇45艘）协同该集团作战。

战役过程

战役开始时，日军陆海军航空兵于1941年12月8日至9日对美军机场和甲米地（吕宋）海军基地实施突然袭击，摧毁了美军停在陆地上的一半重型轰炸机和1/3以上的战斗机，为日军登陆作战创造了条件。

同日，日军一部攻占吕宋岛以北的巴坦群岛。日军在夺取了吕宋岛制空权后，乘吕宋地区几乎没有舰队之机，派先遣部队第48师田中支队和菅野支队共约4000人，自12月10日起，分别在吕宋岛北部的阿帕里和维甘登陆并占领机场。

12日，日军第16师木村支队约2500人在吕宋岛南部的黎牙实比登陆，占领机场并进一步扩大战果。自11日起，日军第5飞行集团逐渐转移到吕宋岛已占机场，掩护地面部队登陆和发动进攻。17日，美军仅剩的17架B-17轰炸机撤到澳大利亚。从此，日军完全掌握制海、制空权。

22日，日军第48师主力在吕宋岛西岸林加延湾登陆。24日，第16师在吕宋岛东南部拉蒙湾登陆。至此，登陆日军形成南北夹击马尼拉、围歼美、菲军主力的有利态势。

26日，吕宋岛守军奉命撤往巴丹半岛预设阵地和科雷希多岛，准备长期抵抗。日军从南北两面进逼马尼拉，但未能切断美、菲军撤向巴丹半岛的退路。

1942年1月2日，日军占领马尼拉，并以一部兵力占领甲米地和八打雁。

至此，战役的主要目的业已达到，吕宋岛上的79500名美、菲军人被迫撤向巴丹半岛。另外，日军还在棉兰老岛和霍洛岛登陆。日军认为菲律宾作战大局已定，遂将海军主力和第48师调往荷属东印度，将第5飞行集团主力调往缅甸，而仅以第14集团军的剩余兵力清剿吕宋岛。

1月9日，日军开始进攻巴丹半岛，遭美、菲顽强抗击。美、菲军与日军展开激烈的山地战、丛林战和阵地战。交战中，木村支队被围，前来救援的日军被歼1个营。月底，日军因伤亡严重丧失攻击力，被迫转入防御，战局一度陷入胶着状态。

3月中旬，麦克阿瑟转赴澳大利亚，留守美、菲军由温赖特少将指挥。日军得到第4师增援后实力增强，并以航空兵和炮兵轰击美、菲军阵地。4月3日，日军以第4师、第65旅为主力对巴丹半岛的美、菲军再次发起进攻。双方在丛林中展开殊死战斗。美、菲军既无援兵又缺补给，在日军猛烈攻击下，巴丹半岛守军7.5万人，其中包括美军9300人于4月9日投降。

莱特岛海岸

4月10日起，美、菲军战俘被日军押往邦板牙省的圣费尔南多，途中数千人死于饥饿、疾病或被杀害，史称"巴丹死亡行军"。

4月10日，日军占领米沙鄢群岛等战略要地。

日军攻占巴丹半岛后，对科雷希多岛连续实施炮击和轰炸。

5月2日，日军对该岛

日军攻占柯里基多岛，美军举起白旗

实施火力准备，5 日在炮火掩护下分左右两路登陆，对岛上要塞发起攻击。1.5 万名美、菲军依托坑道工事抗击，并组织敢死队展开白刃战。6 日，日军后续部队投入战斗，温赖特率美、菲军余部投降。7 日，日军占领该岛。

5 月 10 日，驻棉兰老岛和北吕宋山区的美军投降。

5 月 18 日，驻班乃岛美军停止抵抗。至此，日军控制菲律宾全境。

战役结果

菲律宾进攻战役是日本陆海军在第二次世界大战中实施的攻占众多群岛的第一次大规模合同战役，它证明夺取制空权和制海权对于登陆兵上陆的成功具有决定性意义。登陆兵先遣支队迅速夺取敌基地和机场以及航空兵转场至这些基地和机场，对保障主力顺利上陆和继续作战起了促进作用。

在菲律宾进攻战役中，日军死伤约 1.4 万人，损失飞机 80 余架、舰船 4 艘。同时，日军击毁美、菲军飞机 250 余架、各型作战舰艇 8 艘、商船 26 艘。菲律宾的丧失使美军在太平洋的战略态势急剧恶化。

战役评价

第二次世界大战期间，美军在菲律宾作战失利，面临全面崩溃的危险，于是，美军做出了全面撤退的决定。美军的对手，日本陆军第 14 军在司令官本间雅晴的率领下，由台湾岛和佩斯加多尔列岛的港口登陆后，由大批巡洋舰、战列舰护航，很快到达位于菲律宾西北部仁牙因海湾的海滩。与他们对阵的是由温赖特少将所指挥的北吕宋部队，这支主要由民兵和童子军混

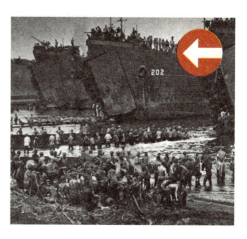

编而成的部队，训练不良，装备更差。

　　战斗持续到第二天，日军的坦克，士兵像潮水一样被驳船送上岸。到了中午，登陆的日军除了偶尔遭到一阵射击外，几乎没有遭到什么像样的抵抗。日军就像平时演习一样，非常轻松地向纵深地带快速推进。美军车辆从四面八方退往巴丹。从马尼拉出城的 3 条公路上挤满了卡车、推着大炮的牵引车、装载着枪炮的卡车以及小轿车、牛车等。

美军进攻菲律宾的初期把军需品运上滩头

　　日军不知出于什么原因，竟没有在此时出动其航母队来打击地面这一股庞大的后撤洪流。显然，日军打算为控制这座城市进行决战，却没有料到麦克阿瑟会从马尼拉撤退，从而打乱了日本人的作战计划。此时，面对美军的全面后撤，日军错误地认为，这是美军的全面溃败，便挥兵直逼马尼拉，忽视了运用空中优势摧毁马尼拉北面两处重要的桥梁。这两座桥坐落在涉隆比特河上，是向巴丹撤军的咽喉要道，只要日军在桥上扔两颗炸弹，就可将后撤部队的道路切断。就像欧洲战场，追击敦刻尔克的德国人没有对正在候船的英、法军队发起致命一击一样，日本人也没有利用空中优势来加强进攻，没有袭击在唯一的两座公路桥上拥挤的车辆和士兵，也没有摧毁桥梁。

　　到新年的第一周为止，麦克阿瑟一共从吕宋岛撤出 8 万美、菲联军以及 2.6 万菲律宾难民，开始在横贯巴丹岛沼泽地和纳蒂布山的两座火山峰的阿布凯防线上，挖壕固守。这一下，麦克阿瑟有了可供调遣的 1.5 万美军和约 6 万菲律宾部队，麦克阿瑟计划在半年内或更长的时间里，阻止日本人的进攻。在这场战役中，美国人显然是输了的赢家。日本不懂打击敌人的有生力量这一最基本也最重要的战场准则，只知占领地方，放走了大量的美军，为其日后的失败埋下伏笔。后来，美军在对菲律宾的反攻时正是由这批撤退的士兵担任主力的。

德累斯顿大轰炸

在第二次世界大战结束前夕的 1945 年 2 月 13 日，盟军对德国的文化古城德累斯顿进行了一次大规模的轰炸，史称"德累斯顿大轰炸"，这次大轰炸在后来，曾引起了不小的争议。

"雷击"行动

德国萨克森州的德累斯顿是一座文化古城，也是当年德国三大铁路枢纽之一，虽然也有一部分军工企业，但总的来说其军事价值不大。所以当时的德累斯顿防空力量十分薄弱，因为德国人不认为德累斯顿会成为盟军重点空袭的城市。1945 年 1 月，随着盟军在东西两线的节节胜利，欧洲的制空权已完全掌握在盟军手中，为了打击德军的交通运输和军工生产，同时更重要的是打击德国人民的信心，盟军开始着手制订大规模空袭德国的"雷击"行动的几种方案，英国首相丘吉尔亲自把预定在苏军占领区内的德累斯顿

今日美丽的德累斯顿

定为目标。

"雷击"行动进行中

1945 年 2 月 13 日晨,英国空军轰炸机部队司令哈里斯下令夜袭德累斯顿,实施"雷击"行动。机群分两批出动,间隔时间为 3 小时。

13 日下午 18 时,第一批 245 架飞机从英格兰中部的安德兰特机场起飞了。作为先导的"蚊"式高速轰炸机飞在最前面,随后是大批"兰开斯特"式重型轰炸机。

22 时,英国机群飞临德累斯顿上空。此时,这座城市仍沉浸在一片安详之中。没有防空警报,没有探照灯光。

英国的目标指示飞机投下了目标指示弹。接着,在这座城市里,令人恐怖的防空警报响了起来。22 时 10 分,英国轰炸机投下了第一颗炸弹。飞在前面的轰炸机用爆破弹把古老的建筑物炸上了天,后面的轰炸机则投下燃烧弹,使地面成为一片火海。3 小时之后,14 日凌晨 1 时 23 分,第二批 539 架英国轰炸机又飞抵德累斯顿上空狂轰滥炸,投下了大量重磅炸弹和燃烧弹。火浪滚滚,汇成一片火海。

高温造成一股强烈的冲天气流,由于火海的中心吸取新鲜空气,因而形成一股可怕的"火焰风暴"。德累斯顿简直成了一座翻腾的地狱。大地像地震一样颤动着,火焰发出像大炮一样的轰鸣声,风在呼啸着,尘埃和烟雾在德累斯顿周围狂暴地旋转着。人们在尘埃和烟雾中艰难地呼喊着,妇女和儿童在呻吟着。这些幸存者焦头烂额,衣衫褴褛,无家可归,到处徘徊。

第二次空袭结束后刚刚 8 小时,14 日 10 时,白天的空袭接踵而至。第三批飞机是美国空军由野马式战斗机护航的 1350 架"空中堡垒"式和"解放"式轰炸机。成千上万颗炸弹投到了德累斯顿的铁路调车场和市区北部。护航的野马式战斗机因为找不到较量的对手,便用它的 6 挺机枪对准沿易北河两岸逃命的德累斯顿幸存者扫射。

大轰炸造成的影响

德累斯顿被英、美空军的 3749 吨炸弹和燃烧弹夷为平地。市区变成一

片废墟，大火连续烧了几昼夜，130万居民被炸死13.5万人，约35470座建筑物遭到破坏，茨温格尔宫（Zwinger）、圣母教堂（Frauenkirche）、塞姆佩尔美术馆（Semperoper）、日本宫（JapanischesPalais）、歌剧院等古代建筑连同这座名城一起被毁灭了。上百万居民无家可归，他们同外地逃难者形成一支难民大军。

　　虽然这场灾难已成为历史，但有关德累斯顿的争执却时起时落，始终没有停息。英国学者底彼德·阿宾格对那次大空袭做了较为客观的估计，称该城市遭破坏程度仅次于受原子弹袭击的日本广岛。

　　战后，有关德累斯顿轰炸引起的激烈的争论。一些人认为"雷击"行动是不顾人道主义原则的"恐怖主义行动"，把哈里斯称为"屠夫"。哈里斯也承认这是杀戮人民，他只是强调"雷击"方案不是由他制订的。

血战硫磺岛

1945 年 2 月 16 日到 3 月 26 日，日军和美军为争夺硫磺岛（IwoJima）进行了一次激战。双方伤亡惨重，2.2 万名固守硫磺岛的日军里，只有 1083 人生还，美军则有 2.6 万人伤亡。

全面轰炸

在日本偷袭珍珠港时，日军在关岛有一个将近 3800 人的军事基地和一个 1200 人的海军基地，岛上驻有水上飞机、电台、气象站和猎潜舰、布雷舰等舰艇。另外，日军在硫磺岛有一个飞机场，有 20 架战斗机和 1500 名海军驻扎在这里。

1944 年 2 月，当美军占领马绍尔群岛后，日军加强了硫磺岛的军事力量。一时间，日军在硫磺岛上的军事力量达到 5000 人，并拥有 13 门火炮、200 挺轻重机枪、4552 支步枪、12 架高射炮、30 挺 25 毫米口径 2 联高射机枪，此外防御工事还有 120 毫米口径的火炮。硫磺岛和小笠原群岛成为日军防止美军空袭日本本土的最后一道防线，因为当时日军已经丧失了制海权和制空权。

今日美丽的硫磺岛

1944 年 6 月，硫磺岛上还驻有 80 架战斗机，但到了 7 月仅剩下 4 架，美国海军驶到了硫磺岛目视范围内，进行了一次全面的轰炸，炸毁了硫磺岛上所有的建筑物和仅存的 4 架飞机。但美军并没有立即对丧失了海空支持的硫磺岛展开攻击，而日本则只剩下地面部队能进行抵抗。

战役过程

　　自从美军 1944 年 7 月攻占马里亚纳群岛后，就开始建立航空基地，B-29 重型轰炸机以此为基地，空袭日本本土。但马里亚纳群岛距日本本土将近 1500 海里，B-29 轰炸机进行如此长距离的空袭，由于受航程的限制，只能携带 3 吨炸弹，仅为 B-29 轰炸机最大载弹量的 30%。而且因为航程太长，战斗机无法进行全程护航，因此 B-29 轰炸机只能在 8000 米到 9000 米高度实施小面积轰炸，效果很不理想。

　　硫磺岛北距东京 650 海里，南距马里亚纳群岛的塞班岛 630 海里，正处在两地的中间，岛上的日军不仅可以向东京提供早期预警，而且可以起飞战斗机进行拦截，甚至还不断出动飞机攻击美军在塞班岛等地的机场，更是大大降低了美军对日本本土战略轰炸的作用。硫磺岛对美军而言，简直是如鲠在喉。如果美军占领硫磺岛，那所有的不利都转化为有利，从硫磺岛起飞 B-29 轰炸机航程减少一半，载弹量则可增加一倍。战斗机如从硫磺岛起飞，可以为 B-29 提供全程伴随护航，甚至连 B-24 这样的中型轰炸机也能从硫磺岛起飞空袭日本本土，更重要的是，硫磺岛还可作为 B-29 的备降机场，供受伤的 B-29 紧急降落或加油。因此美军对硫磺岛是势在必得！美陆军航空兵（即美国空军的前身）司令阿诺德上将于 1944 年 4 月 17 日向美参谋长联席会议提出攻占硫磺岛的请求，美参谋长联席会议

从塞班岛基地起飞的美军轰炸机奔赴硫磺岛

随即同意这一请求,责成太平洋战区担负此项作战,太平洋战区总司令兼太平洋舰队总司令尼米兹上将为就近指挥,将其指挥部从珍珠港移至关岛。

美军离开塞班岛,向硫磺岛开进

1944 年 10 月初,美军太平洋舰队司令部的参谋人员就将进攻硫磺岛的计划制订出来了,参加作战的地面部队为美第 5 两栖军,下辖海军陆战队第 3、4、5 师,共约 6 万人,由霍兰·史密斯中将指挥。登陆编队和支援编队,由凯利·特纳中将指挥。米切尔中将指挥的第 58 特混编队负责海空掩护。美军所有参战登陆舰艇约 500 艘,军舰约 400 艘,飞机约 2000 架,由第 5 舰队司令斯普鲁恩斯上将统一指挥。

由于美军参战部队中相当部分正在支援对吕宋岛的登陆作战,硫磺岛战役只得等吕宋岛战役结束后的 1945 年 1 月才能开始,又因为吕宋岛战役进展缓慢,结束的日期从计划的 1944 年 12 月 20 日推迟到了 1945 年 1 月 9 日,美太平洋战区总司令尼米兹再次将硫磺岛的作战推迟到 1945 年 2 月中旬。

在 1944 年前,日军仅仅把硫磺岛作为太平洋中部与南部的航空中继基地。1944 年马里亚纳群岛失守后,硫磺岛的重要性日趋明显,日军开始大力加强其防御力量,3 月下旬将 4000 余人的陆军部队送上岛,5 月将硫磺岛的陆军部队整编为第 109 师团,由栗林中道中将任师团长,并在岛上配备了 120、155 毫米岸炮、100 毫米高射炮和双联装 25 毫米高射炮。7 月,日海军第 27 航空战队也调至岛上。截至 1945 年 2 月,日军在岛上陆军约 1.5 万余,海军约 7000 余,共约 2.3 万人,并驻有飞机 30 余架,由栗林统一指挥。日军在岛上的中部高地和元山地区各建有一个机场,分别叫作千岛机场和元山机场,也叫一号机场和二号机场,并在二号机场以北建造第三个机场。由于美军迅速攻占了马里亚纳群岛,原计划运往马里亚纳群岛的人员、装备

为了即将的登陆，美军清除硫磺岛岸边的水雷。

和物资都被就近转用于硫磺岛，尽管美军组织飞机、潜艇全力出击，企图切断硫磺岛的增援和补给，但日军以父岛为中转站，采取小艇驳运的方式，导致美军的封锁效果并不理想。

由于日军的海空军主力在菲律宾战役中遭到了毁灭性的打击，已无力为硫磺岛提供海空支援，日军硫磺岛的抵挡美军登陆作战在几乎没有海空支援的情况下进行。栗林是出色的职业军人，曾担任过日本天皇警卫部队的指挥官，他意识到面对美军绝对海空优势，滩头作战难以奏效，他主张凭借折钵山和元山山地的有利地形，依托坚固的工事，实施纵深防御。但日本海军守备部队仍坚持歼敌于滩头，最后栗林做出了折中的方案，以纵深防御为主，滩头防御为辅，海军守备部队沿海滩构筑永备发射点和坚固支撑点进行防御，陆军主力则集中在折钵山和元山地区，实施纵深防御。

栗林决心将硫磺岛建成坚固的要塞，以折钵山为核心阵地，以2个机场为主要防御地带，在适宜登陆的东西海滩则建立以永备发射点和坚固支撑点为骨干的防御阵地，日军的防御工事多以地下坑道阵地为主，混凝土工事与天然岩洞有机结合，并有交通壕相互连接。日军炮兵阵地也大都建成半地下式，尽管牺牲了射界，却大大提高了在美军猛烈轰击下生存的能力。火炮和通信网络都受到良好保护，折钵山几乎被掏空，筑有的坑道达九层之多！

针对美军的作战特点，栗林在海滩纵深埋设了大量地雷，机枪、迫击炮、反坦克炮构成绵密火力网，所有武器的配置与射击目标都进行过精确计算，既能隐蔽自己，又能最大限度杀伤敌军。唯一不足的是，原计划元山地区将修筑的坑道工事有28公里长，由于时间不够，当美军发动进攻时只完成了70%，约18公里，而且折钵山与元山之间也没有坑道连接。

栗林一改日军在战争初期的死拼战术，规定了近距射击、分兵机动防御、诱伏等战术，还严禁自杀冲锋，号召每1个士兵至少要杀死10个美军。栗林的这些苦心经营，确实给美军造成了巨大的困难，使硫磺岛之战成为太平洋上最残酷、艰巨的登陆战役。

美军对硫磺岛的强攻

从1944年8月10日起，驻扎在塞班岛的美军航空兵就开始对小笠原群岛进行空袭，空袭的重点是硫磺岛的机场和为硫磺岛进行物资补给的中转地的港口设施。从8月至10月，美军共进行过48次轰炸，投弹约4000吨，但收效甚微。

11月24日，塞班岛的美军首次出动B-29重型轰炸机对日本本土实施轰炸，引起了日军极大的恐惧。日军随即做出反应，3天后即11月27日，硫磺岛日军出动了2架飞机空袭塞班岛美军B-29航空基地，击毁B-29轰炸机1架，击伤11架。随后的日子里，硫磺岛日军又多次

美军战略物资源源不断地运到硫磺岛前线

组织对塞班岛美军航空基地的空袭，至1945年1月2日，已累计击毁B-29轰炸机6架，严重威胁着美军B-29航空基地的安全。

为压制硫磺岛日军飞机的袭扰，美军于1944年12月8日组织了一次海空协同突击，出动飞机192架次，其中B-29重轰炸机62架次、B-24中型轰炸机102架次、重巡洋舰3艘、驱逐舰7艘，共对硫磺岛投掷炸弹814吨，发射203毫米炮弹1500发、127毫米炮弹5334发。这样猛烈的轰击，却并未彻底摧毁硫磺岛机场，仅仅起了短暂的压制作用。自这次海空协同突击后，美军在12月间又组织了4次类似的海空联合突击。

12月9日起，由美军黑尔少将指挥的第7航空队B-24轰炸机只要天

为了减少伤亡，美军军舰夜间不断地向岛上发射照明弹

气允许，几乎每天都要出动飞机对硫磺岛进行轰炸，与此同时，塞班岛的B-29也不时加入对硫磺岛的轰炸。至1945年2月初，美军共出动舰载机1269架次、岸基航空兵1479架次、军舰64艘次，总共向硫磺岛投掷炸弹6800余吨、发射大口径舰炮2万余发，其中406毫米炮弹203发、203毫米炮弹6472发、127毫米炮弹15251发。由于日军的防御工事异常坚固，美军轰击效果十分有限，对岛上两个机场也没能予以彻底摧毁，日军总能在空袭后迅速修复，而日军初步领略到了美军的火力，更加倾注全力修筑以坑道为骨干的防御工事。

1945年1月26日，完成了对吕宋岛登陆作战支援任务的美军第3舰队返回乌利西基地休整。第3舰队司令哈尔西上将将指挥权移交给斯普鲁恩斯，第3舰队随即改称第5舰队，这是美军自1944年秋开始实行的新措施，为太平洋舰队配备了两套司令部指挥参谋人员，哈尔西指挥时，是第3舰队，斯普鲁恩斯指挥时则是第5舰队，一人在前线作战，另一人则在后方筹划下一次作战，这样既能充分使用兵力，又能迷惑日军。

最初，斯普鲁恩斯和尼米兹都认为攻占这样一个弹丸小岛不会费多大力气，但看了对硫磺岛的空中侦察所拍摄的航空照片后，才知道在这个岛上极可能存在不同寻常的防御系统，史密斯中将仔细研究了航空照片后，表示这将是最难攻占的岛屿，并预计要付出2万人的伤亡。

1月28日，当负责组织对日本本土战略轰炸的陆军航空兵第21航空队司令柯蒂斯·李梅少将前来协商航空兵如何支援硫磺岛登陆作战时，斯普鲁恩斯就向他提出硫磺岛对于战争究竟有多少价值的问题，李梅立即肯定地表示没有硫磺岛就无法有效地对日本本土进行战略轰炸。斯普鲁恩斯这才如释重负，决心不惜付出巨大代价攻取硫磺岛。

2月2日，尼米兹来到乌利西，视察硫磺岛作战的准备情况。斯普鲁恩斯提议为阻止日军对硫磺岛可能的增援，必须首先使用舰载航空兵对日本本土的关东地区机场进行压制，尼米兹同意了这一计划。随后，尼米兹又前往塞班岛观看了将在硫磺岛实施登陆作战的第5两栖军的3个海军陆战队师进行的临战演习。

2月10日，斯普鲁恩斯以美"印第安纳波利斯"号重巡洋舰为旗舰，第58特混编队司令米切尔以美"邦克山"号航母为旗舰，一起率领由16艘航母、8艘战列舰、15艘巡洋舰、77艘驱逐舰组成的航母编队驶离乌利西，经马里亚纳群岛和小笠原群岛以东，直扑日本本土。这是美军自1942年4月杜利特尔空袭东京以来航母编队第一次袭击日本本土。斯普鲁恩斯计划16日抵达日本外海，以16日、17日两天时间对日本本土关东地区的机场进行压制性的空袭，然后再南下参加硫磺岛作战。他特别担心日军的神风特攻队的威胁，所以每艘航母上只有30架轰炸机和鱼雷机，其余全部搭载战斗机。为了尽量减少被日军发现的可能，美军出动多艘潜艇在编队航道前方担任侦察搜索，而塞班岛的岸基航空兵则以B-24和B-29轰炸机对编队经过的海域上空进行巡逻警戒。编队自身还以多艘驱逐舰在编队前方组成搜索幕，同时以舰载机进行24小时不间断反潜警戒。正是由于采取了上述严密的防范措施，加上恶劣天气的掩护，美军航母编队于16日拂晓一直到达距东京东南125海里海域，仍没被日军发现。

2月16日，美军航母编队出动舰载机1000余架次，分成数个攻击波对东京湾各机场进行攻击，由于天空中阴云低垂，攻击效果并不理想。

表现美军登陆硫磺岛的电影剧照

美军向折钵山冲锋

2月17日，美军又出动两个攻击波舰载机500余架次，对关东地区的机场、飞机制造厂、锚泊船舶等目标进行了轰炸。两天里，美军在空战中击落日机332架，在地面上击毁日机177架，给日本一些机场、飞机制造厂造成了一定破坏，这次空袭的效果不是很大，但却极大地吸引了日军注意力。当天下午，美军航母编队离开日本外海南下，参加硫磺岛作战。

2月14日，威廉·布兰迪海军少将率领由6艘战列舰、12艘护航航母、5艘巡洋舰、16艘驱逐舰组成的火力支援编队离开塞班岛前往硫磺岛。

2月15日，美海军部长福雷斯特尔在尼米兹陪同下到达塞班岛，听取有关硫磺岛战役的汇报，并视察战役准备。大病初愈的登陆编队司令特纳，人称"短吻鳄"，汇报原计划对硫磺岛进行10天的炮火准备，因为军舰无法携带10天炮击的弹药，只能进行3天的炮击，但特纳表示对面积仅20平方公里的小岛进行3天的炮击已经足够，炮火未能摧毁的防御将由登陆部队来完成。

2月16日清晨，布兰迪的火力支援编队到达硫磺岛海域，开始实施预先火力准备。所有战列舰、巡洋舰都被划分了攻击地段，对已查明的目标逐一摧毁。为确保炮击的准确性，有几艘战列舰甚至在距岸边仅3000米处对目标进行直接瞄准射击。但由于天气不佳，岛上又是硝烟弥漫，预定的750个目标只摧毁了17个。日军只以部分中小口径火炮进行反击，击伤战列舰、巡洋舰各1艘，日军大口径火炮出于隐蔽考虑，一炮未发。

2月17日，美军水下爆破队在12艘登陆炮艇的掩护下探测海滩礁脉的航道，并清除水下的水雷和障碍物，栗林以为美军登陆在即，下令大口径火炮开火，将12艘登陆炮艇击沉9艘，击伤3艘，艇员阵亡、失踪44人，伤152人。美军大为震惊，岛上的日军竟然还有如此猛烈的火力，立即对这些刚暴露出的目标进行轰击。

从16日至18日3天里，美军除了舰炮火力外，护航航母的舰载机也全力出击，有的进行空中掩护，有的进行反潜警戒，有的观测校正弹着点，有的向日军阵地投掷燃烧弹，烧掉日军阵地的伪装，使之暴露出来，以便于舰炮将其消灭。而塞班岛的美军轰炸机也频频前来助战，对硫磺岛进行轰炸。这3天中，硫磺岛几乎完全被美军火力轰击的硝烟所淹没，日军只得龟缩在坑道里无法活动。据统计，美军在登陆前共消耗炮弹、炸弹2.4万余吨，硫磺岛上平均每平方公里承受了1200吨炮弹的轰击，但日军凭借坚固的地下工事，损失轻微。

1945年2月19日6时，特纳率领的美军登陆编队到达硫磺岛海域，斯普鲁恩斯和米切尔指挥的航母编队也到达硫磺岛西北海域，此时，硫磺岛出现了少有的晴朗天气，天高云薄，微风轻拂。6时40分，美军舰炮支援编队的7艘战列舰、4艘重巡洋舰和13艘驱逐舰开始直接火力准备，航母编队一边担负空中掩护，一边出动舰载机参加对硫磺岛的航空火力

表现美军登陆硫磺岛的电影剧照

准备。这次火力准备，时间虽短，但因为天气晴朗，目标清晰可见，效果比较理想。

美军登陆部队海军陆战队3个师，以陆战第4师、第5师为一梯队，陆战第3师为预备队，在直接火力准备的同时，第一批登陆部队8个营完成了换乘工作。

美军计划要登陆的滩头在硫磺岛的东海滩，从折钵山山脚下沿海岸向东北延伸，总长3150米，从南到北依次每450米划分为一个登陆滩头，代号分别是绿一、红一、红二、黄一、黄二、蓝一、蓝二。按计划陆战第5师在

美军士兵在牺牲的
战友身边继续战斗

南端的三个滩头登陆, 穿越岛的最狭窄部, 孤立或攻占岛南的折钵山, 陆战第 4 师则在北面的 4 个滩头登陆, 攻击一号机场。

8 时 30 分, 美军第一波 68 辆履带登陆车离开出发点, 向滩头冲击。

8 时 59 分, 美军舰炮火力开始延伸射击。

9 时, 美军部队准时开始登陆, 一开始非常顺利, 日军的抵抗十分微弱, 只有迫击炮和轻武器的零星射击, 美军遇到的最大阻碍是岸滩上的火山灰, 由于岸滩全是火山灰堆积而成, 土质松软异常, 履带登陆车全部陷在火山灰中, 难以前进, 后面的登陆艇一波接一波驶上岸, 却被这些无法动弹的履带登陆车阻挡, 根本无法抢滩登陆, 艇上的登陆兵只好涉水上岸。

见日军只有零星的轻武器射击, 特纳甚至认为照此发展, 只需 5 天就可占领全岛。但好景不长, 登陆的美军才推进了 200 余米, 日军炮火开始延伸, 栗林就下令日军从坑道进入阵地, 根据事先早已测算好的数据, 日军炮火准确覆盖了登陆滩头, 一时间, 美军被完全压制在滩头, 伤亡惨重, 前进受阻。

美军陆战第 5 师因为比陆战第 4 师晚了大约 20 分钟遭到炮击, 而且炮火相对比陆战第 4 师遭受的要弱, 所以先头的 28 团 1 营得以利用这一机会, 穿越岛的最狭窄部, 切断了折钵山与其他地区日军的联系, 二营则随后向折钵山发起了攻击。陆战第 4 师在日军猛烈炮火阻击下, 几乎寸步难行。

就在这样的危急时刻，美军的舰炮火力给了登陆部队以极其有力的支援。此次登陆，美军登陆部队每个营都配有舰炮火力控制组，能够及时召唤舰炮火力的支援，而空中的校射飞机也发挥了巨大作用，准确测定日军炮火位置引导舰炮将其消灭。可以说，在太平洋战争历次登陆战中，舰炮火力支援从没有像硫磺岛登陆战那样有效。在舰炮火力的大力支援下，美军登陆部队艰难向前推进，全天美军共消耗127毫米以上口径舰炮炮弹38550发，火力支援之强，史无前例。

9时30分，美军的坦克上岸，随即引导并掩护登陆部队攻击前进。本该发挥巨大作用的坦克大都陷入火山灰，动弹不得，少数几辆也行动蹒跚，很快就成为日军反坦克炮的目标，被一一击毁。美军只能依靠士兵用炸药包和火焰喷射器对日军进行攻击，并一步一步向前推进，而每一步都要付出惨重的代价。

到10时30分时，美军已有8个步兵营和1个坦克营上岸，正竭力扩展登陆场。

11时，风向转为东南，风力逐渐加大，给美军的登陆带来了很不利的影响，这时各团的预备队营正在登陆，许多登陆艇被强劲的阵风吹得失去控制，甚至倾覆，再加上日军炮火的轰击，滩头上到处都是损坏的登陆艇，而后续的物资和人员仍在按计划源源不断上岸，整个海滩一片混乱。但这样混乱的场景因尘土飞扬，硝烟弥漫，海面上的军舰根本看不清楚，特纳错误地向尼米兹报告登陆部队几乎没遇到抵抗，伤亡轻微。

12时许，美军陆战第4师23团才前进了450米，接着继续在火力支援下前进，直到14时，才攻到一号机场。而第4师的另一个团25团则被日军在蓝二滩东北的一个小艇专用港边悬崖上的大量永备发射点所阻，伤亡严重，却毫无进展。为摧毁这些永备发射点，美军使用了一种新的引导舰炮射

美军登陆艇

表现美军进攻硫磺
岛的油画

击法，即先以登陆
艇向目标发射曳光
弹，巡洋舰再根据
曳光弹的弹着处射
击。这种射击法效
果极佳，到黄昏时
分，美军终于消除
了这些火力点的威

胁，但 25 团在登陆当天几乎没有进展。陆战第 5 师情况稍好，28 团已割裂
折钵山与其他地区日军的联系，将其包围起来。27 团在海滩上被困 40 分钟
之后，终于取得了突破，推进到了一号机场南端。

日落时，美军已有 6 个步兵团、6 个炮兵营和 2 个坦克营共约 3 万人
登陆上岸，占领了宽约 3600 米、纵深从 650 米到 1000 米不等的登陆场，
全天有 566 人阵亡，1858 人负伤，伤亡总数约占登陆总人数的 8%。就第一
天的战况而言，还不算太糟糕，但随后的战斗将更为艰巨。

天黑后，美军害怕日军发动大规模夜袭，海面上的军舰几乎不间断地
向岛上发射照明弹，将黑夜照得如同白昼。出乎意料的是，日军通常会在登
陆的当天夜间发动的夜袭根本没有，除了一些小股日军的袭扰外，太平无事。
这是因为栗林深知自己的实力，坚决不采取自杀性的冲锋。度过了第一个平
安的夜晚后，迎接美军的将是更为残酷的战斗。

2 月 20 日，从凌晨开始，美军舰炮就根据登陆部队的要求进行火力准
备。8 时 30 分，美军登陆部队发起了进攻，陆战第 4 师在舰炮和坦克支援
下，攻占了一号机场，并切断了岛南日军与元山之间的联系。刚刚攻占了机
场，美军工兵就开始全力抢修，以便尽快能投入使用。陆战第 5 师向折钵山
攻击，由于日军很多工事都建在舰炮火力无法射击到的岩洞中，在坦克到来
前，28 团几乎无法前进。美军最后在坦克掩护下，以手榴弹、炸药包、火焰
喷射器逐一消灭岩洞中的日军，有时甚至出动推土机将洞口封闭，因此进展
极为缓慢，直到黄昏，才总共前进了 180 米。

2 月 21 日，岛上的激战仍在继续，进展十分有限。美军海滩勤务大队经
过不懈的努力，解决了滩头的混乱局面，天气却愈加恶劣，海上风大浪高，

严重影响了美军补给品的卸载。由于岛上的部队伤亡较大，作为预备队的美军陆战第 3 师 21 团奉命上岛投入战斗。

2 月 22 日，因大雨美军登陆部队被迫停止进攻，抓紧进行战地休整。由于 3 天来，美军在硫磺岛上阵亡、失踪人数已达 1204 人，负伤 4108 人，美国国内的新闻界甚至强烈要求"让陆战队喘口气——给日本人放毒气"。诚然，对付隐藏在坑道或岩洞中的日军，毒气既实用，又比火焰喷射器更为"仁慈"，尽管美、日两国都没有签署严禁使用毒气的《日内瓦公约》，但罗斯福总统和尼米兹都不愿违反公约，战后尼米兹承认，没有使用毒气完全是出于道义的考虑，结果使美国大量优秀的陆战队员付出了生命的代价。

2 月 23 日，美军陆战第 4 师以二号机场为目标发起总攻，但在日军永备发射点、坑道、地堡和岩洞工事组成的防线前，推进极为缓慢，简直像蜗牛爬行。全天只有右翼前进了约 300 米，左翼和中间几乎毫无进展。

伟大的时刻

1945 年 2 月 23 日，美军的战果是在折钵山的进展。日军几乎将整座山掏空，修筑有数以千计的火力点，尤其是山顶的观察哨，居高临下俯瞰整个东海岸，能准确指引、校正纵深炮火的射击，对于美军威胁极大。

又经 4 天血战，10 时 20 分，美军陆战第 5 师 28 团由哈罗得·希勒中尉率领的 40 人组成的小分队终于攻上了折钵山山顶，升起了一面美国国旗。尽管折钵山上，仍有近千日军凭借着坑道和岩洞工事拼死抵抗。

4 小时后，希勒的士兵又插起了一面更大的星条旗，美联社记者乔·罗森塔尔将插旗时的情景拍摄下来，这张照片随即广为流传。后来太平洋战区总部还专门查询插旗的陆战队员姓名和家庭

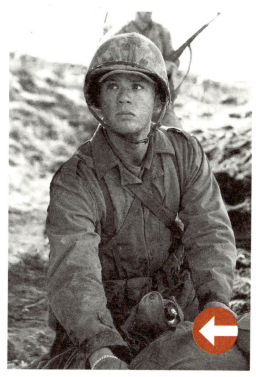

在硫磺岛上艰苦作战的美军士兵

硫磺岛战役中，炮
火连天、硝烟弥漫

地址，进行表彰。刚赶到硫磺岛视察的美国海军部长福雷斯特尔和第5两
栖军军长史密斯注视着在折钵山山顶飘扬的国旗，非常激动，福雷斯特总
结道："折钵山升起的国旗意味着海军陆战队从此后500年的荣誉！"海面
上军舰上的水兵看到这面象征胜利的旗帜，欢声雷动——特纳将陆战第5
师28团留在折钵山，负责肃清山上的日军，而第5师的另两个团则调到北
部，协同第4师攻击元山地区的日军。

　　同日，美军的航母编队在硫磺岛以东海域与海上勤务大队会合，接受海
上补给，当晚再次向日本本土进发，以压制日军可能对硫磺岛的支援。

　　2月24日，战斗殊为激烈，美军陆战第3师21团在海空火力的大力支
援下，由坦克开道，终于突破了日军在二号机场南侧的防线，推进730米，
拔除了日军近800个碉堡，日军随即发动了一次逆袭，21团猝不及防，一度
被迫后退，随后在舰炮支援下拼死反击，才将阵地巩固。很快，美军就发现，
随着逐渐升高的地形，日军构筑了密如蚁穴的地堡和纵横交错的坑道网，
凭借着这些工事抵抗越来越顽强。至当天，美军伤亡总数已达6000人，
其中阵亡1600人。面对如此惨重的伤亡，美军将作为预备队的陆战第3师

师部和陆战第9团、野战炮兵第12团都送上岛，投入战斗。

2月25日，美军3个陆战师在硫磺岛并肩开始攻击，第4师在右，第3师居中，第5师在左，并列向东北推进。

同一天拂晓，美军的航母编队到达距东京东南190海里海域，编队出动舰载机对东京地区的日军机场和飞机制造厂进行了空袭。和第一次空袭一样，因为天气恶劣，轰炸效果并不理想。米切尔随后指挥航母编队转向西南，前去突击冲绳岛。于3月1日美军对冲绳首府那霸进行了空袭，同时对冲绳岛、庆良间列岛和奄美大岛等地进行了航空摄影，为即将开始的冲绳战役提供资料。航母编队最后于3月4日返回了乌利西。

3月1日，美军经过激烈的鏖战，终于攻占了二号机场和元山村。

硫磺岛上的美军每前进一步，都要付出巨大的代价，战斗已经成为不折不扣的消耗，有时一整天只前进4米，惨重的伤亡甚至使军官们都没有勇气再将士兵投入战斗。在对岛上第二制高点382高地的争夺中，美陆战第4师屡屡陷入日军交叉火网，伤亡极其惨重，382高地因此被称为"绞肉机"，战斗部队的伤亡高达50%以上，有经验的连、排长和军士长伤亡殆尽，许多连队连长由少尉或上士担任，而排、班长大都由普通士兵担任。美军必须逐一消灭侧翼的日军阵地，解除侧翼威胁，才有可能向前推进，所以战斗异常残酷、激烈，直到3月2日，24团才攻上了高地，但所付出的伤亡是巨大的，有好几个连的官兵非死即伤，几乎全连覆没。

美军左翼的第5师，攻击362高地的遭遇与第4师在382高地如出一辙。他们刚攻上山头，侧翼日军立即以密集火力封锁美军的退路，再以纵深火力和凶猛的反击将攻上高地的美军尽数消灭，美军死伤严重，却毫无收获，只得先消灭最突出部的日军阵地，再步步为营艰难向前推进。日军早已掌握了美军的攻击程序，美军先是航空火力准备，再是舰炮火力轰击，接着是地面炮火射击，最后才是步兵冲击，所以日军总在坑道里躲过美军的炮火，再进入阵地迎击步兵的进攻，一次又一次粉碎了美军的攻势。美军饱尝失利的苦果，终于痛定思痛，改变战术。3月7日拂晓，美军没进行任何炮火准备，借助黎明前的黑夜，悄然接近日军阵地，突然发起冲击，打了日军一个措手不及，一举攻占了362高地。

美军陆战队员的巨大牺牲并没有白费，3月3日，就有美军1架C-47

运输机在硫磺岛的一号机场降落，次日又有一架在空袭日本本土时受伤的美军 B-29 在硫磺岛紧急降落，硫磺岛的价值已经开始得到了体现。

3月7日，美军发动总攻，担负中央突破的陆战第3师势如破竹，进展神速，遇到难以克服的日军阵地就设法绕过去，继续向前推进，尽管给后续的陆战第4师、第5师留下不少"钉子"，但第3师突破了日军的防线，并于两天后攻到了西海岸，占据了一段约 800 米长的海岸，将日军分割为两部分。陆战第3师21团1营最先杀到西海岸，作为战绩的证据，营长在一个军用水壶里装满了西海岸的海水，贴上"只供检验不得饮用"的标签，派人送给师长厄金斯少将。

3月9日美军占领了尚未完工的三号机场。栗林得知美军突破了防线将日军一分为二时，立即组织部队进行反击，他深知美军火力强，正面进攻难以奏效，所以进行的是夜间渗透反击。他命令部队尽可能穿越美军的防线，渗透到美军后方，重新打通两翼联系。美军发现了日军的行动，虽然他们发射的照明弹将黑夜照得如同白昼，但许多日军还是越过了美军的前沿防线，有的甚至渗透距离达 1600 米，但美军预备队和后方勤务人员依托工事顽强抗击，给予反击日军重大杀伤，天亮时，日军的反击被彻底粉碎，他们伤亡至少 1000 人。日军这次渗透反击徒劳无功，反而损失了大量有生力量，给以后的作战带来极为不利的影响。

3月10日，美军陆战第3师将日军防线截为两段后，随即开始向两面扩大战果，9 团向东，21 团向西，分别策应陆战第4师和第5师的攻击。尽管日军的防御态势已经相当不利，但日军仍依托工事死战不退，尤其是美军陆战第5师面对的是由栗林直接指挥的部队，遭到的抵抗更为激烈，陆战第5师的伤亡超过 75%，许多战斗部队失去了战斗力，师部的文书、司机甚至炊事员等勤杂人员都投入了战斗。第3师和第4师的伤亡也很惨重。

出于这种情况，陆战第4师师长克利夫顿·凯兹少将向栗林和硫磺岛日军中战斗力最强的第 145 联队队长池田大佐发出劝降信，信中首先向他们无畏精神和英勇作战表示了尊敬，接着说明了目前无法取胜的处境，最后要求他们指挥所属部队停止抵抗，美军将保证投降日军根据《日内瓦公约》受到人道待遇。但劝降信如同石沉大海，没有回音。

3月16日，东北部的 800 余日军被歼灭，美军于当日 18 时宣布占领硫

美军占领硫磺岛

磺岛，但战斗仍在继续，栗林指挥残部依然在抵抗，有时战斗还相当激烈。陆战第3师师长厄金斯少将找到两名日军战俘，给了他们很多干粮，还配备了一部最新式的报话机，然后让他们给栗林和池田带去劝降信。这两名战俘将劝降信设法交给了池田大佐的传令兵，但到了规定的时间期限，日军仍未投降，这两战俘为美军的人道主义待遇所感动，竟留在日军防线里，通过报话机为美军炮火指引目标，一直到18日才返回美军战线。

由于栗田指挥日军在孤立无援的硫磺岛进行了顽强的抵抗，3月21日，日本天皇晋升栗林为大将军衔，以表彰他的英勇作战。

从16日美军宣布占领硫磺岛后又经过整整一周的激战，24日美军才将残余的日军压缩在岛北部约2100平方米的狭小范围里。栗林于当晚焚毁了日军军旗，发出了最后的诀别电报，然后销毁密码，准备实施最后的绝死反击。

3月25日，栗林派人设法通知岛上每一个人，于夜间携带武器在二号机场附近的山区集合。

3月26日凌晨，栗林亲自率领约350名日军向二号机场的美军发起了最后反击，许多美军在睡梦中被杀。天亮后，美军组织扫荡，四处追杀这股残余日军，激战3小时，将这股日军大部歼灭。事后清点发现日军遗留在美军阵地前的尸体只有250具，栗林负伤后切腹自杀，美军伤亡172人。美军于当天8时宣布硫磺岛战役结束，但清剿残余日军的战斗一直持续到4月底，这是一场惨烈的战斗。

"特攻作战"

硫磺岛的日军守备部队在殊死抵抗的同时，日本海军联合舰队由于主

美国国旗插上硫磺岛的斯利伯奇峰

要的水面舰只在菲律宾莱特湾海战中损失殆尽，残余军舰因为燃料不足，也无力组织救援，日军能够出动增援的就只有岸基航空兵和潜艇部队了，但岸基航空兵的第1、第1航空舰队基本丧失了战斗力，第3航空舰队还在训练艇实施"特攻作战"，以最小代价换取最大战果。2月19日，日军在香取基地成立了以自杀飞机为主体的"第二御盾特别攻击队"，专门担负特攻使命。

2月21日，一队日军特攻队自杀飞机飞临美军在硫磺岛西北35海里正准备执行夜间空中巡逻任务的"萨拉托加"号航母上空，随即展开攻击，日机有4架被击落，另2架接连撞上这艘航母，使该舰受伤起火，所幸伤势不重。18时50分，美军"萨拉托加"号的水兵刚把舰上的大火扑灭，日军第二攻击波5架自杀飞机就接踵而至，前4架均被击落，第5架虽被击伤，仍一头撞上"萨拉托加"号，在航母甲板上翻滚着落入海中，给航空母舰造成了多处创伤，美军被毁飞机42架，舰员阵亡123人，伤192人。"萨拉托加"号航母只是因为舰上损管人员抢修得力才幸免沉没，但终因伤势太重而奉命撤出战场，随即回国进坞大修，直到战争结束也未能参战。

与此同时，日军的自杀飞机还攻击了硫磺岛以东的美舰，1架日机撞上了美军"俾斯麦海"号护航航母的后升降机，并在机库里爆炸，引爆了机库里的飞机，大火迅速蔓延，很快波及弹药舱，引发了大爆炸，舰长见无法挽回，只得下令弃舰。该舰燃烧了足足 3 小时，才沉入海中。舰上水兵伤亡约 350 人。被日军自杀飞机击伤的还有美军"隆加角"号护航航母、477 号和 809 号坦克登陆舰、"基厄卡克"号运输船。

日军除组织自杀飞机的攻击外，还以潜艇实施特攻作战。2 月 19 日，日军以伊-368、伊-370、伊-44 潜艇各携带 5 条、5 条和 4 条人操鱼雷，组成代号为"千草"的特攻队，于 2 月 20 日、21 日、22 日分别从濑户内海的大津岛潜艇基地出发，前往攻击硫磺岛海域的美军舰队。

2 月 23 日，日军又命令 16 日从吴港出发原定前往琉球群岛活动的吕-43 号潜艇改往硫磺岛攻击美舰。

2 月 26 日，到达硫磺岛海域的日军和吕-43 号被美军舰载机击沉，而同天到达的伊-368 号也被美军的驱逐舰击沉。日军伊-44 号多次向美舰接近，都受到美军反潜舰只的有力压制，无法占据人操鱼雷的出发阵位，只好返航。该潜艇回日本后，艇长因未完成任务而被撤职。

2 月 28 日，日军又派伊-58 号和伊-36 号潜艇各携带 4 条人操鱼雷组成代号为"神武"的特攻队，分别于 3 月 1 日和 2 日从吴港出发前往硫磺岛，但到了 3 月 6 日，日军统帅部见硫磺岛大势已去，这才命令在硫磺岛海域活动的潜艇全部撤出。

惨重的结局

将国旗插上硫磺岛的美军英雄

硫磺岛战役，日军守备部队阵亡 22305 人，被俘 1083 人，共损失 23388 人。日军其他损失为飞机 90 余架，潜艇 3 艘。

美军从 2 月 19 日至 3 月 26 日，阵亡 6821 人，其中陆战队阵亡 5324 人，伤 21865 人，伤亡共计 28686 人。

美日双方伤亡比为 1.23：1。

美军登陆部队伤亡人数占总人数的 30%，陆战第 3 师的战斗部队伤亡 60%，而陆战第 4 师、第 5 师战斗部队的伤亡更是高达 75%，第 5 两栖军几乎失去了战斗力。此次战役中，海军陆战队的伤亡之高，也是其在太平洋战争中绝无仅有的。战后，尼米兹对参加过硫磺岛战役的陆战队员给予了高度的赞扬："在硫磺岛作战的美国人，非凡的勇敢是他们共同的特点！"

美军还有 1 艘护航航母被击沉，航母、登陆舰、快速运输舰、中型登陆舰、扫雷舰、运输船各 1 艘、坦克登陆舰 2 艘被击伤。

美军为攻占硫磺岛所付出的人员伤亡比日军还多，这是太平洋战争中，登陆一方的伤亡超过抵抗登陆一方的唯一第一次世界大战例。日军在失去海空支援，又没有增援补给的情况下，以地面部队凭借坚固而隐蔽的工事，采取正确的战术，进行了顽强的抵抗，使美军原计划 5 天攻占的弹丸小岛，足足打了 36 天，并付出了惨重的人员伤亡代价。美军在此次作战中唯一闪光之处就是舰炮支援比较得力，共发射各种口径炮弹 30 余万，计 1.4 万吨，取得了较好的效果，有力地支援了登陆部队的作战。但美军的巨大代价很快就得到回报，当美军登陆后，工兵部队就上岛抢修扩建机场，至 4 月 20 日，上岛的工兵部队已有 7600 人，将一号机场跑道扩建到 3000 米，二号机场的跑道扩建到 2100 米，不仅进驻了战斗机部队，还成为美军 B-29 轰炸机的应急备降机场。美军战斗机部队进驻硫磺岛后，其作战半径就覆盖了日本本土，能有效掩护轰炸机对日本本土的战略轰炸，使对日轰炸愈加频繁和激烈，并将轰炸效果提高了 1 倍以上，大大加速了日本的崩溃。至战争结束，硫磺岛上应急备降场，累计共有 2.4 万架次受伤或耗尽燃料的 B-29 在此紧急降落，从而挽救了这些飞机上 2.7 万名空勤人员的性命。

美军攻下硫磺岛，不仅使美军获得了轰炸日本本土的重要基地，还打开了直接攻击日本本土的通道。而美军在硫磺岛的惨重伤亡，也使美军的高层意识到，如果进攻日本本土，一定会遇到比在硫磺岛更顽强的抵抗，美军的伤亡将会更惨重，因此，日后美国对日本使用原子弹，很大程度上是出于担心美军在日本本土登陆将会遭受到硫磺岛那样的巨大伤亡。

柏林战役

1945 年 4 月 16 日，苏军对柏林展开攻势，史称"柏林战役"。1945 年春，苏军已进入德境，希特勒为拖延战争，等待反法西斯同盟内部分裂，调集军队约 100 万人死守柏林，集中力量对付苏军。苏军最高统帅部为彻底消灭德军于其巢穴，结束欧洲战争，以 3 个方面军 250 万人的兵力进攻柏林。

关于这次战役

柏林战役于 1945 年 4 月 16 日发起，苏军先后突破奥得河、尼斯河防线，25 日又对柏林形成包围。苏军在对柏林的强攻中采取多路向中心突击的战术，经激烈巷战，于 4 月 27 日突入柏林中心区，29 日开始强攻国会大厦。30 日希特勒在总理府地下室自杀，5 月 2 日柏林卫戍司令 H. 魏德林将军率部投降，8 日德军统帅部代表 W. 凯特尔元帅在柏林签署向苏军和盟国远征军无条件投降书。

整个战役，苏军总共消灭德军 93 个师，俘获官兵约 48 万人，缴获火炮 8600 门、坦克和自行火炮 1500 余辆、飞机 4500 架。苏军损失 30.4 万人、坦克和自行火炮 2156 辆、火炮 1220 门和飞机 527 架。柏林战役的结局，标志着法西斯德国的灭亡、苏、德战争和欧洲战争的终结。

指挥苏军进攻柏林战役的朱可夫元帅

战役即将开始

1945 年 1 月至 4 月中旬，德军在东西两线战场都遭受到盟军优势兵力

士兵在击落的德军
飞机前留影

的沉重打击。在东线战场，苏军已推进到奥德河和尼斯河，攻占了维也纳，从东、南两面包围了柏林，距柏林最近距离仅有 60 公里。在西线战场，美英盟军进抵易北河，并向汉堡、莱比锡和布拉格方向展开攻势，距柏林也只有 100 余公里的距离。

虽然德国已完全失去了取胜的希望，但希特勒仍然决心把战争进行到底。德军统帅部在柏林部署了维斯瓦集团军群和中央集团军群两个集团军群的兵力，总计 48 个步兵师、9 个摩托化师和 6 个装甲师，共约 100 万人。德军在柏林有 1.04 万门火炮和迫击炮，1500 辆坦克，3300 架作战飞机，并将陆军总部的 8 个预备师也用于柏林防御，此外柏林市内还有守备队 20 万人。为了坚守柏林，德军在柏林外围的奥德河—尼斯河地区构筑了纵深达 20 公里至 40 公里的 3 道防御地带，而柏林市区防御围廓沿环城铁路构筑而成。市内设置了大量的街垒防御阵地，甚至在临街房屋的窗户上都修筑了坚固的射击孔，使整个柏林城变成了一座巨型掩体和射击阵地。

希特勒声称："我们在任何情况下都要战斗下去，正如腓特烈大帝所说，要一直打到那该死的敌人中最后一个精疲力竭不能再战为止。"

为了先于美、英盟军攻占作为德国政治中心的柏林，苏联最高统帅部决定从 1945 年 4 月中旬对柏林发起总攻。为此，苏军调集了 3 个方面军的强大兵力，共计 162 个步兵师和骑兵师，21 个坦克军和机械化军，4 个空军集团军，共约 250 万人，4.2 万门火炮和迫击炮，6250 辆坦克和自行火炮，7500 架作战飞机。苏军计划以三路进击柏林，朱可夫元帅指挥白俄罗斯第 1 方面军作为先头部队突破奥德河东、西两岸防线和附近若干地段，从东面攻击。科涅夫元帅指挥乌克兰第 1 方面军前进到尼斯河东岸的南部直到苏台德山麓，从南面攻击。罗科索夫斯基元帅指挥白俄罗斯第 2 方面军前进到奥德河下游，从北面攻击。

苏军进逼柏林

4月16日凌晨5时整，朱可夫下达了攻击命令，苏军的炮弹呼啸着倾泻到德军的防御阵地上，轰炸机轰鸣着向德军头顶投掷下大量炸弹，整个大地都在可怕的颤抖之中。20分钟后，140多个探照灯一下子全部亮了起来，把德军阵地照得通明，德军士兵们目眩眼花，苏军乘机向对方阵地冲去。很快，朱可夫的白俄罗斯第1方面军突破了德军在柏林外围的第一道防御地带。

德军士兵奋力守城

与此同时，南面科涅夫的乌克兰第1方面军亦于4月16日晨在尼斯河畔发起进攻，迅速渡过了尼斯河。

朱可夫的白俄罗斯第1方面军突破了德军第一道防御地带后，当天中午即进抵到德军第二道防御地带。但是，当苏军推进到该防御地带的枢纽泽洛夫高地时，却遭到德军的顽强抵抗，德军凭借有利地形，顽强扼守每一条战壕，每一个散兵坑，给予苏军以很大的杀伤。朱可夫不断增加突击力量，并将两个坦克集团军投入战斗，但几次进攻都被德军打退。

4月17日晨，朱可夫集中了方面军的几乎所有炮火，在猛烈的炮火准备后，近千辆坦克排成一列纵队向前推进，前面的一批坦克被击中起火，后面的顶走它继续前进。苏军士兵高喊着口号向前冲击，前面的倒下了，后面的接着往上冲。此时防守在高地上的德军已是伤痕累累，最终经受不住苏军狂潮般的冲击，开始向柏林市区方向退却。4月18日晨，苏军终于攻占了泽洛夫高地，继续向柏林城挺进。

20日晨，白俄罗斯第1方面军先头部队第3突击集团军在库兹涅佐夫上将的率领下，抵达柏林近郊，使柏林城市区处于其榴弹炮和加农炮的射程之内。20日下午1时30分，苏军地面炮兵群首次向柏林城内轰击。

北面罗科索夫斯基的白俄罗斯第 2 方面军在 4 月 18 日发起冲锋，到 19 日强渡了东奥德河，牵制住了柏林以北德军维斯瓦集团军群的兵力。南面科涅夫的乌克兰第 1 方面军突破尼斯河的防御地带后强渡斯普雷河，至 4 月 20 日夜间，该方面军第 3 坦克集团军突入到柏林市南郊，第 4 坦克集团军也推进到柏林市西南郊。战役进行到 4 月 24 日，白俄罗斯第 1 方面军与乌克兰第 1 方面军在柏林东南会师，切断了德军第 9 集团军与柏林的联系。4 月 25 日，白俄罗斯第 1 方面军从北面迂回进入柏林的部队与乌克兰第 1 方面军第 4 坦克集团军在柏林以西会合，从而完成了对进入柏林的合围。柏林以北地区的德军集团，也遭到白俄罗斯第 2 方面军和白俄罗斯第 1 方面军右翼部队的夹击，处境十分困难。同日，乌克兰第 1 方面军所属近卫第 5 集团军西进到易北河，在托尔高地与西线美军第 1 集团军会师。

双方市区激战

鉴于苏军已兵临柏林城下，希特勒决定将德军统帅部撤离柏林，他本人则留下"与柏林共存亡"的讲话，妄图拼死一搏。他下令军事机关的所有参谋和文职人员都毫无例外地参加战斗，并命令对按兵不动的指挥官要在 5 小时内处决，对退却的官兵不仅要处死，还要在他们的尸体上挂起"逃兵"、"胆小鬼"、"他背叛了国家、玷污了德意志民族"的牌子示众。

4 月 26 日清晨，在柏林上空，苏军数千架飞机再一次投下了成千上万吨的炸弹和汽油弹。在地上，平均每英里已部署到近千门的各种火炮集中射击，柏林转眼间成了一个昏暗的世界。轰炸和射击结束后，朱可夫的白俄罗斯第 1 方面军派出无数个突击群和突击分队，从四面八方向市区突进。

越是接近市中心，苏军前进越艰难。坚固的楼房、隐蔽的地下室、地下铁道、排水沟壕等都为德军提供了火力支撑点。因此，苏军不得不进行逐栋楼房争夺、逐条街道攻取，每前进一步都要付出极大的代价。

此时希特勒仍在做不切实际的幻想，他对柏林守备司令魏德林说"局势会好转的，我们的第 9 集团军即将到达柏林，同第 12 集团军一起，对敌人实施反突击，俄国人将在柏林遭到最惨重的失败"。德军将领对希特勒"报喜不报忧"，使希特勒不了解部署在柏林东南的布施将军指挥的第 9 集团军已被苏军分割包围了，无法向柏林运动；在柏林西南防守易北河的德军第 12 集团军，由温克将军率领拼命向柏林靠近，但终因受到美军的牵制和苏军的阻击，在进至费尔希地域后就再也前进不了了。几乎与

盟军士兵在中战斗

世隔绝的希特勒待在总理府的地下暗堡里，不清楚上述情况，仍不断地发出电报，调兵遣将。一些德军将领已不再那么坚决地执行他的命令了。

4 月 27 日，苏军攻入柏林市的第 9 区，凯特尔这才给柏林发来一个道出实情的电报，电报承认第 12 集团军不能继续前进，第 9 集团军也无法突出合围。希特勒最后一线希望破灭了。柏林守备司令魏德林向希特勒提出了守军从柏林突围的计划，并保证"国家元首安全撤离柏林"，他还报告说，弹药只够两昼夜了，粮食和药品几乎告罄。陆军总参谋长克莱勃斯将军支持

苏军攻占德国国会
大厦

魏德林的突围建议，认为这个计划是有可能实现的。但是，希特勒意识到他已彻底输掉了这场由他发动的战争，他拒绝离开柏林，他要在这里坚持到他生命的最后一刻。

4月28日，苏军白俄罗斯第1方面军所属的第3突击集团军和苏军近卫第8集团军逼进了柏林的蒂尔花园区，这个花园区是柏林守军最后一处支撑点，由于该阵地有政府办公厅、国会大厦、最高统帅部等象征第三帝国权力的最高首脑机关，所以，柏林守备司令部把党卫军最精锐的部队部署在这里。崔可夫上将指挥的苏军近卫第8集团军首先向该阵地发起了进攻，当天下午跨过了兰德维尔运河，占领了德军的通信枢纽，掐断了柏林与外界的主要通信联络。深夜，苏军第3突击集团军在库兹涅佐夫上将的指挥下，向国会大厦外围的内务部大楼发起强攻，德军进行着绝望却又是最顽强的抵抗，战斗一直持续到29日深夜，在德国守军几乎全部阵亡的情况下，这座大楼才被苏军攻占。

29日凌晨1时，希特勒宣布与等了他12年的爱娃·布劳恩举行婚礼。婚礼之后，希特勒口述了他的遗嘱，指定海军元帅邓尼茨为他的接班人，他决定自杀，并希望他们夫妇的遗体在总理府进行火化。30日下午3点30分，希特勒与结婚才1天的妻子在地下暗堡的寝室里双双服毒自杀，并且在服毒的同时，还举枪对自己的太阳穴扣动了扳机。接着，戈培尔等人将希特勒和爱娃的遗体抬到总理府花园的一个弹坑里，浇上汽油进行火化。

苏军攻占国会大厦的战斗还在激烈地进行着。30日下午6时，苏军士兵又一次向这座大厦发起冲击。盘踞在这里的近2000名德军，不愧是第三帝国的"御林军"，他们的顽强抵抗，使苏军每前进一步都付出了惨重的代价。在血战中，即使苏军占领了大厦下面的楼层，在上面楼层守备的德军也不肯投降，苏军只好一层楼一层楼地与守敌搏斗，在大厦的任何一角，都在进行激战。苏军靠着源源不断涌进大厦内的强大兵力，才逐一粉碎了守敌的抵抗。

21时50分，苏联英雄米哈伊尔·耶果罗夫中士和麦利唐·坎塔里亚下士将苏联的红旗插上了德国国会大厦主楼的圆顶。

德军无条件投降

30日深夜，德军通过广播请求临时停火，要求与苏军进行谈判。5月1日凌晨3时55分，德国陆军总参谋长克莱勃斯将军打着白旗钻出帝国办公厅的地下掩体，前往苏近卫第8集团军的前线指挥所谈判，克莱勃斯对崔可夫说："我想告诉您一件绝对机密的事，您是我通报此事的第一位外国人，希特勒已于昨天自杀了。"克莱勃斯接着要求苏军先停战，然后等到德国组成新的政府后再进行谈判。崔可夫立即用电话将情况向朱可夫做了报告。十几分钟后，斯大林从莫斯科发来了最高指令："德军只能无条件投降，不进行任何谈判，不同克莱勃斯谈，也不同任何其他法西斯分子谈。"9时45分，朱可夫根据斯大林的指示精神，代表苏军向柏林德军发出最后通牒，德军必须彻底投降，否则苏军将在10时40分对德军实施最后强攻。崔可夫让克莱勃斯把这份通牒带回给戈培尔等人，戈培尔见到通牒后，知道没有任何讨价还价的余地了，傍晚便与妻子及6个孩子自杀了。

5月2日7时，德军柏林城防司令官魏德林上将前往崔可夫的前沿指挥所，签署了投降令。至中午时分，柏林守军全部投降。至此，苏、德战争最后一次决战——柏林会战结束。

签署纳粹德国投降书

　　1945 年 5 月 8 日，纳粹德国国防军最高统帅部代表，在柏林近郊的卡尔斯霍斯特，正式签署了无条件投降书，这标志着世界反法西斯战争欧洲战场的胜利结束。至此，这场历经 6 年之久、给欧洲国家人民带来沉重灾难的战争终于画上了句号。

共有的博物馆

　　5 月 8 日晚，德国国防军最高统帅部代表德军元帅凯特尔，代表纳粹德国在柏林以东的卡尔斯霍斯特镇正式签署了无条件投降书，苏联元帅朱可夫代表苏军，英国空军上将泰勒、美国斯巴茨将军和法国塔西尼代表盟国远征军，接受了德军的投降。主持签字仪式的是苏联的朱可夫元帅。等到朱可夫等全权代表在德方签署的投降书上签字，已经是莫斯科时间 5 月 9 日零点 50 分。此后，西方国家以 5 月 8 日为停战日，而苏联则以 5 月 9 日为世界反法西斯战争胜利日。

　　在德国有一个共有的博物馆。从外观上看，它只是一幢灰色的两层尖顶小楼，只有楼房旁依然保留的苏联红军坦克在提醒着人们，这里曾经是影响过整个世界的地方。据说，这座建筑是从 1936 年至 1938 年建设完成的，到 1945 年 4 月之前作为德军的军官食堂。1945 年 4 月底，它成为苏联红军第 5 突击集团军司令别尔扎林上将的司令部；1945 年至 1949 年是苏联军事当局的所在地。1949 年 10 月 10 日，苏联将其移交给当时的民主德国政府。1967 年至 1994 年，此建筑成为苏联驻军的"纪念卫国战争胜利和法西斯德国无条件投降博物馆"。

　　1994 年，苏联驻德国东部地区部队撤离德国，而后根据德国和俄罗斯两国政府的协议，该馆更名为"柏林—卡尔斯霍斯特博物馆"，由德、俄两国共同管理。这座博物馆也是世界上唯一一座由两个曾经在战争中为敌的国家共有的博物馆。在 1941 年到 1945 年的战争中，苏联方面损失了 2500

苏军攻入柏林市中心油画

万到 3000 万人，而德国方面也损失了 600 万到 700 万人，两国共同建立这座博物馆，是为了让后人牢记教训，避免这样的悲剧重演。

在博物馆里，展示最多的不是战争中的英雄，更多的是战争的受害者——那些手无寸铁的平民。二楼，是博物馆的展览区，按照时间跨度的顺序分成"1917 年到 1933 年德苏关系"、"1940 和 1941 年战争计划"、"1941 年到 1945 年战争进程"、"1945 年 5 月 8 日和 9 日投降"以及"战后"等 16 个主题展区，向观众展示了大量当年的实物、照片和历史文件及资料等。这些活生生的展览，能够使观众真正了解到战争的残酷和法西斯分子的罪行，确实令人有身临其境之感。

博物馆里还有一份 1941 年 5 月的文件，这份文件是德军总部制订侵略计划的一次会谈的记录，上面写着："到战争进行的第三年，只有当军队全部食品供给都来自俄国，战争才能进行下去。如果我们从俄国拿走所有必需品，无疑将会有几千万人饿死。"在纳粹的眼中，只要能够赢得战争，根本不在乎苏联人民的死活，饿死几千万人，那是在他们计划内的事情。

重签投降书

据说，当年纳粹已经于 5 月 7 日在法国兰斯签署了无条件投降书。但是，苏联领导人斯大林认为，苏军是战胜德国法西斯的主力，柏林是苏军攻克的，因此，兰斯的签降仪式从方式到地点都是不恰当的，它有损苏军的威

表现攻克柏林的油画

望。苏军最高统帅部批评了自己的前线指挥官，苏联政府则向英、美提出交涉。后来，有关国家商定，兰斯签降只算预演，正式签降由苏联政府的代表主持，地点在德国柏林。

于是才有了朱可夫主持的德国投降仪式，为了照顾苏联的面子，德国投降书的第一条宣布："我们，这些代表德国最高统帅部的签字者，同意德国一切陆、海、空军及目前仍在德国控制下的一切部队，向红军最高统帅部，同时向盟国远征军最高统帅部无条件投降。"投降书规定，该投降书从1945年5月9日零时开始生效。

当天的投降书签署仪式原计划是在下午5点左右举行。但是，英、美代表团在接到投降书英文文本后，认为与俄文文本有出入，因此，双方对投降书的各个语言的文本再次进行了对照，等到再次确认没有问题后，已经是很晚了，所以，投降书签署仪式只能推后进行。并且，原计划盟军总司令艾森豪威尔也将参加投降仪式，但后来，斯巴茨将军代表美国参加。有些人认为这是因为艾森豪威尔知道，在柏林，苏联元帅朱可夫是这里的主人，艾森豪威尔不希望在柏林被别人盖过风头，所以，他没有亲自出席。

于是，5月8日柏林时间22时43分，莫斯科时间5月9日零时43分，这份来之不易的投降书重新签署，这样，欧洲历史上最为可怕的战争终于结束了。

桂柳反攻战

在远东战场，对日作战还在继续。1945年4月至5月，中国军队在云、贵、川地区展开了对日军的全面反击，史称"桂柳反攻战"。此次战役中，中国军队先后收复了南宁、桂林、柳州等湘桂铁路沿线各城镇，取得了胜利，这也是中国战区正面战场的最后一次大战役。

战役背景

1945年4至5月，已是世界反法西斯战争全面、彻底胜利的前夜。美军在冲绳岛登陆，日本本土的决战迫在眉睫。中国敌后战场为实现"扩大解放区，缩小沦陷区"的战略任务，发动了强有力的"春季攻势"和"夏季攻势"，歼灭了日伪军大量有生力量。为保卫云、贵、川战略根据地和更能适应将来反攻作战的需要，国民政府军将陆军总部所辖兵力进行了缩编，组建了4个方面军和1个防守司令部。同时，由于中印公路打通，美援军械大量输入，国民政府军装备进一步改善。1945年2月中旬，国民政府军拟制了《中国陆军作战计划大纲》，提出为配合盟军在东南海岸登陆，"向桂、湘、粤转取攻势"，"攻宜山、柳州，与盟军会师西江"的作战计划。

中国远征军在回国路上

战役过程

当中国军队实施战略任务期间，日本大本营也感到自己战力日减，战志消沉，已无力控制所占领的中国广大地区，提出缩短防线，集中兵力，以防中国反攻的计划。1945年4月18日，

日本大本营下达"大陆令"，减少华南兵力，将其兵力集中向华北、华中的重要地区集结。占领广西和广东的"第3、第13、第34及第27师团从第11军、第23军序列中解除，编入中国派遣军序列（直辖）"。这些部队撤退时间定在七八月份。但随着战争形势的发展，6月初侵华日军在大连召开高级将领军事会议，拟出新的计划，把从广西撤退的时间提前到5月下旬。驻广西的日军第11军根据方面军的撤退指示，对撤退时间做了具体安排。

当时，日军第11军各师团分布于广西的桂林、柳州、南宁、龙州等要地。4月中旬，日军第11军司令官笠原幸雄接到撤退命令时，考虑到中国守军必将跟踪追击，决定采取"先发制人的行动，将其压倒"，令第3师团从南宁，第13师团从宜山，由南北两个方向进攻都安，全歼中国守军。同时，从第13师抽调一个联队，专门负责掩护作战任务。但日军未到达都安，就沿进攻路线后撤。

张发奎的第2方面军第一线部队发现日军撤退，即跟进追击。第47军经都阳山逼近南宁。日军第3师团经迁江、宾阳、来宾、柳州向桂林撤退。在民团配合下，5月27日，第64军收复南宁。第2方面军兵分两路，第64军一部向龙州追击，第46军主力向柳州东南迂回攻击。向龙州追击之部队，于6月7日收复思乐，8日收复明江，在地方民团协助下，于7月3日先后攻占龙州、凭祥，将日军驱逐丁国境之外。第46军主力于6月上旬向柳州攻

中国战场上的坦克车

击前进,先后攻克桂平、武宜,6月19日其175师迫近柳州。

汤恩伯的第3方面军于5月初令担任河池西北地区守备的第29军,向河池、黎明关攻击,并令预备第11师攻取天河,至5月21日,第3方面军收复河池县城,并沿黔桂铁路追击,

中国军队在研究歼敌策略

于23日攻克德胜。6月6日收复宜山。此时,日军由柳州增援宜山,与第29军展开反复争夺,激战至6月14日,第29军击退日军的反扑,再次收复宜山,日军第13师遂向柳州撤退。第3方面军以第20军向日军跟踪追击,在第2方面军第46军的配合下,向柳州之日军展开总攻,6月30日收复柳州,日军向桂林撤退。

第3方面军收复柳州后,分兵三路,沿湘桂铁路,向桂林急进。同时王耀武的第4方面军攻击宝庆、衡阳,以为策应。至7月24日,第3方面军第29军连克中渡、黄冕、阳朔、白沙,并经激战夺占桂林南方门户水福,直逼桂林近郊。这时,第3方面军主力第27集团军令第26军、第94军等部,自越城岭向桂林推进,7月10日攻占南圩,26日攻克义宁后在第3方面军各路包围总攻下,27日收复桂林。日军仓皇向全县方向逃窜,第3方面军8月17日收复全县,这时日本已宣布投降。

布拉格战役

1945 年 5 月 6 日至 11 日，苏军为歼灭捷克斯洛伐克境内的德军并支援布拉格人民起义，进行了最后一次进攻战役，史称"布拉格战役"。

为什么还要开战

布拉格战役前的世界还不平静，虽然德军已经投降，希特勒已自杀，但德军还有众多残余的军事力量存在。

攻克柏林后，法西斯德国已不复存在，可是，希特勒为了延长法西斯制度，在其政治遗嘱中任命了以海军元帅邓尼茨为首的德国新政府。舍尔纳元帅被推出任德国陆军总司令，此前，他任德国法西斯"中央"集团军群司令，其部队主要驻在捷克斯洛伐克。这种任命是有其理由的，因为在那些日子里，舍尔纳是握有权力的实际军事头目，而最主要的原因是他掌握有军队，而且掌握着不少的军队。

这样一来，新的德国"政府"还掌握着一支数量很大的军队用来继续进行战争。在苏联波罗的海沿岸地区，有"库尔兰"集团军群。在波罗的海沿岸，"东普鲁士"军队集群仍在继续战斗。希特勒的第 12 集团军，虽然大

今日布拉格

192

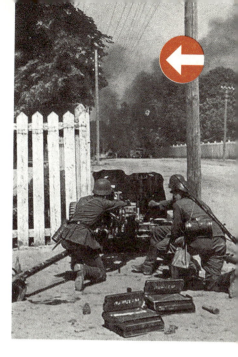
德军残余势力在顽抗

部被击溃，但仍在柏林以西顽抗。在捷克斯洛伐克，集中驻扎着由舍尔纳元帅指挥的"中央"集团军群，包括近 50 个精锐师和由原来的师组建起来的 6 个战斗群。这个庞大集团在抗击着乌克兰第 1、第 2 和第 4 方面军部队。在捷克斯洛伐克西部，由近期合并给舍尔纳的德军第 7 集团军 5 个师在抗击着盟军。最后，还有德国法西斯"奥地利"集团军群和"南方"集团军群，共 30 多个师，分别在奥地利和南斯拉夫同乌克兰第 2 和第 3 方面军的部队以及南斯拉夫人民解放军作战。

　　这样，苏军的布拉格战役面临着一场同德国武装力量最后的斗争。邓尼茨"政府"把赌注下在该地区的德军集团上，他认为保住了这一集团，就能使第三帝国再苟延残喘一段时间。这个"政府"虽已死到临头，却仍企图竭力停止西线的军事行动而继续坚持东线的作战。这也是邓尼茨本人 5 月 1 日通过弗伦斯堡电台公开声明的政策的基调。他说："元首任命我为他的继承人。在德国命运的艰难时刻，由于意识到我所承担的责任，我接受政府首脑的职务。我最重要的任务是将德国人从布尔什维克的进攻中拯救出来，使其免遭消灭。仅仅为了这个目的，我们才继续进行军事行动。目前，在完成这一使命过程中，经常遇到来自英国人和美国人方面的障碍，我们被迫也要防御他们……"

　　在邓尼茨"政府"的一次特别会议上，通过了一项基本决定："必须用全部手段，继续东线的战争。"

　　因此，布拉格战役非常重要，苏军战役的意图是对布拉格实施猛烈突击，合围和分割该市以东德军集团主力，解放捷克斯洛伐克首都，切断德军"中央"集团军群向西和西南的退路，最终消灭德军的残余力量，或者使其彻底投降。

布拉格战役过程

　　5 月 6 日，苏军乌克兰第 1 方面军右翼乘德军退却，立即转入了追击。

苏军各先遣支队击溃了德军后卫，迅速前进，为主力进攻开辟道路。

苏军必须提高进攻速度的理由是：第一，需要阻止德军西逃；第二，布拉格的处境越来越危急。人们遭到

两军猛烈交火

镇压和布拉格遭到德军破坏的危险增大了。

5月7日，乌克兰第1方面军左翼和中央军队的波兰第2集团军，第28、第52、第31（司令为沙夫拉诺夫中将）、第59集团军（司令为科罗夫尼科夫中将）开始进攻，这一进攻进展顺利。5月8日，苏军攻占了德累斯顿，波兰第2集团军占领了包岑，第52集团军占领了格尔利茨。第1方面军右翼各集团军解放了特普利采、比利纳、莫斯特等城市。

苏军乌克兰第2方面军攻占了兹诺伊莫、米罗斯拉夫、亚罗梅日采三市，并继续从东南面进攻布拉格。5月8日乌克兰第4方面军占领了奥洛穆茨，随后其所属军队于5月9日晨与乌克兰第2方面军部队会合。

5月8日夜间，乌克兰第1方面军所属近卫坦克第4、第3集团军挺进80公里，拂晓，其先遣部队冲进布拉格。5月9日晨，该方面军近卫第3集团军和第13集团军的先遣部队亦随之进入该市。同日，乌克兰第2、第4方面军的快速集群，以及乌克兰第4方面军第38集团军快速集群的先遣支队也进入了捷克斯洛伐克首都。在爆发起义的布拉格各战斗队的积极支援下，苏军于5月9日完全解放了捷克斯洛伐克首都布拉格。

5月10日，苏军继续在所有方向迅猛推进。乌克兰第1方面军在一天内前进40公里，俘虏德军官兵约8万人，并在德累斯顿、施特里高、格尔利茨、利贝雷茨的机场缴获德军飞机272架。苏军近卫骑兵第1军（军长为巴拉诺夫中将）在开姆尼茨地域、近卫坦克第4集团军一部在罗基察尼地域（比尔森以东）分别与美军接触。近卫坦克第4集团军主要兵力向布拉格

以南推进，前进至贝内绍夫地域，与乌克兰第2方面军近卫坦克第6集团军会合。乌克兰第2方面军左翼兵团在进攻中于皮塞克地区和捷克布杰约维采地区与美军部队会师。捷克斯洛伐克境内德军集团几乎全被合围，只有"奥地利"集团军群在该集团两翼行动的几个师逃到了美军作战区。

被围德军失掉突围西逃希望后，开始放下武器。5月10日至11日，德军主要兵力就俘。在消灭德军被围集团的同时，乌克兰第1、第2方面军在与美军第3集团军会师之前继续向西推进。5月11日，其所属军队在乌克兰第1方面军地带卡罗维发利地区和克拉托维地区与美军部队接触。苏军乌克兰第4方面军（司令为叶廖缅科大将）前进至克尔诺夫、什特思贝克、新伊钦、兹林以北一线。乌克兰第2方面军（司令为苏联元帅马利诺夫斯基）

德军在桥头阻击苏联军队

在布尔诺以西及其以南作战，从南面包围了德军集团右翼。这3个乌克兰方面军共辖20个诸兵种合成集团军、3个坦克集团军、3个空军集团军、1个骑兵机械化集群、1个独立军、5个独立坦克军、1个机械化军和1个骑兵军。其中包括波兰第2集团军、罗马尼亚第1、第4集团军和捷克斯洛伐克第1军。参加战役的苏军军队计有200余万人、火炮和追击炮30500门、坦克和自行火炮2000辆、飞机3000余架。

苏军面对的德军集团包括"中央"集团军群（司令为陆军元帅舍尔纳）所属坦克第4集团军、第17集团军、坦克第1集团军和伦杜利奇上将指挥的"奥地利"集团军群一部，包括第8集团军、党卫坦克第6集团军。德军集团总兵力90余万人、火炮和追击炮9700门、坦克和强击火炮1900辆、飞机1000架。

战役取得了胜利

　　苏联乌克兰军队在极短期限内进行战役准备，并进行复杂的战役变更部署，是布拉格战役的突出特点。这次战役还有一个特点，就是在山林地条件下使用坦克集团军实施深远而迅速的机动以合围德军基本兵力。坦克兵在山地的前进速度为平均每昼夜 50 至 60 公里。布拉格战役证明了苏军高超的组织能力和苏军官兵的高超技能。此外捷克斯洛伐克游击队积极支援了苏军的行动，为了纪念苏联武装力量的胜利，苏联最高苏维埃主席团颁发了"解放布拉格"奖章，授予解放捷克斯洛伐克首都战斗的所有参加者。50 多个兵团被授予荣誉称号，约 260 个兵团和部队荣获勋章。

　　在解放捷克斯洛伐克的战斗中，有 14 万多苏联军人阵亡。为了表示对苏军阵亡将士的永久怀念，在捷克斯洛伐克建立了大量纪念碑。许多将军、游击队指挥员被授予捷克勋章和奖章，当选为捷克斯洛伐克一些城市的荣誉公民。

原子弹加速日本投降

1945 年 8 月 6 日 8 点 15 分，人类第一颗原子弹作为大规模杀伤实战，在日本广岛爆炸。早在 1939 年夏天，盟军得到情报，德国正进行一项秘密工程，德国法西斯已试图利用原子科学的成果制造新式武器了。

为逃避法西斯迫害而从欧洲移居美国的一些科学家担心德国法西斯抢先造出原子弹，于是，移居美国的科学伟人爱因斯坦于 1939 年 8 月给罗斯福写了一封信，建议美国政府迅速采取行动，加强对铀的研究，以便抢先制造出一种威力巨大的新型炸弹。

1939 年 10 月 11 日，罗斯福接信后立即采纳了爱因斯坦的建议，并下令成立研究原子武器的委员会，开始着手研制原子弹。

曼哈顿计划启动

就在日本偷袭珍珠港前一天，罗斯福批准了这项大规模研制原子弹的计划。1942 年 6 月，美国陆军部组织了"曼哈顿"工程管理区，全面负责原子弹的研制工作。1942 年 9 月 23 日，格罗夫斯经陆军后勤部队司令布里恩·伯克·萨默维尔推荐，晋升为准将并正式就任美国负责原子弹研制的"曼哈顿"工程管理区司令。

原子弹爆炸产生的蘑菇云

曼哈顿计划的最终目标是赶在战争结束以前造出原子弹。虽然在这个计划以前，美国 S-1 执行委员会就肯定了它的可行性，但要实现这一新的爆炸，还有大量的理论和工程技术问题需要解决。

在劳伦斯、康普顿等人的推荐下，格罗夫斯请奥本海默负责这一工作。为了使原子弹研究计划能够顺利完成，根据奥本海默的建议，军事当局决定建立一个新的快中子反应和原子弹结构研究基地，这就是后来闻名于世的洛斯阿拉莫斯实验室。

奥本海默

奥本海默凭着他的才能与智慧，以及他对于原子弹的深刻洞察力，被任命为洛斯阿拉莫斯实验室主任。正是由于这样一个至关重要的任命，才使他在日后赢得了美国"原子弹之父"的称号。

曼哈顿计划集中了当时除纳粹德国外的西方国家最优秀的核科学家，动员了10万多人。这一工程历时3年，耗资25亿美元。第一颗原子弹终于在美国本土爆炸成功。

无情的"小男孩"

1945年7月26日，美军巡洋舰"印第安纳波利斯"号把原子弹"小男孩"的心脏部分运送到马里亚纳群岛中的提尼安岛。8月1日，原子弹装备完毕，它长3米，直径71厘米，外形很像一枚普通炸弹，只是大小不同而已。

1945年8月6日8时整，美军两架B－29飞机从高空进入日本广岛上空，广岛市民有很多人并未进入防空壕，而是在仰看美机。

8时15分，蒂贝茨指挥的一架美机投下降落伞，伞上所系的原子弹在离地面660米的高度爆炸，形成一个直径110米的大火球，火球发放出来的热度高达30万摄氏度。

广岛市中心上空随即发生震耳欲聋的大爆炸。顷刻之间，城市上面突然卷起巨大的蘑菇状烟云，全市立即被这黑暗的烟云所淹没。接着即冒起几百根火柱，广岛市遂化为焦热的火海。

这时的广岛人口为 343000 人，靠近爆炸中心的人，大部分死亡。当日死者计为 78150 人，负伤和失踪者为 51408 人。全市建筑物总数是 76327 幢，全毁者 48000 幢，半毁者 22178 幢。

被原子弹轰炸过的广岛

8 月 6 日下午，设在广岛的日本军队司令部转告东京："敌人使用了具有从未见过的破坏力的高性能炸弹。"

仍然拒绝投降

这时，日本有些人对于在广岛爆炸的是否为原子弹还有怀疑。8 月 7 日，参谋本部成立以第 2 部长有末精三中将为委员长，由原子能最高权威仁科芳雄博士等有关人员组成的调查委员会，派赴广岛。仁科芳雄一行于 8 日下午到达广岛，立即证实新型炸弹确为原子弹，并报告东京。

在这个调查报告到达东京之前，外相东乡茂德已与首相铃木贯太郎商妥，决定上奏天皇。

8 日下午，天皇面谕："敌既已使用此种武器，则战争之继续更不可能，为获得有利条件起见，不得丧失结束战争之时机，关于条件，当有协商余地，应努力迅速结束战争，可转告铃木首相。"

铃木首相决定立即召开最高战争指导会议，但因一部分成员未在，没有立即召开。

8 月 8 日上午 11 时，苏联外交人民委员莫洛托夫召见日本驻苏大使佐藤尚武。日本方面久已吁请苏联斡旋和平，但苏方迟迟未予回应，大使佐藤期待着一个肯定的答复。但莫洛托夫告诉佐藤说，苏联认为日本仍在继续进行战争，拒绝接受《波茨坦公告》，所以苏联政府接受联合国的要求，宣

被原子弹摧毁的长崎

布从 8 月 8 日起，苏联政府与日本处于战争状态。苏联的这一宣战对日本统治集团震动极大。

"胖子"的威力

8 月 9 日上午 8 时，外相东乡拜访首相铃木，这时铃木已接到苏联参战的报告，他在听取外相说明关于迅速结束战争的决心后，立即表示同意，并向外相等表明决心说："由本内阁来结束吧。"

9 日上午 10 时 30 分，日本最高战争指导会议在皇宫举行。日本当地时间上午 11 时零 2 分，美国又在长崎投下第二颗原子弹"胖子"，这是由美国 B-29 超级空中堡垒轰炸机"博克斯卡"在长崎上空 9000 米外投下的。"胖子"是人类历史上第二次使用的核武器，亦是至今为止最后一次使用的核武器。

胖子长 3.25 米，直径 1.52 米，重 4545 公斤。释放的能量约相等于 2 万公吨的 TNT 烈性炸药，即大概为 $8.4×10^{13}$ 焦耳，比投掷在广岛的首枚原子弹稍多。由于长崎地势多山，造成的损害比平坦的广岛低，约 4 万人直接死于"胖子"的爆炸，约 2.5 万人受伤，约 7000 平方米建筑物被夷平。

"胖子"本来的首要攻击目标为日本另一城市小仓，当天早上博克斯卡号飞到小仓上空时，发现当地被云层覆盖，于是改为攻击后备目标长崎。

这两次原子弹轰炸直接摧毁了日本的斗志，几天后日本天皇宣布无条件投降，第二次世界大战由此全部结束。

八月风暴行动

1945 年 8 月 8 日，苏联对日宣战，出兵中国东北，迅速歼灭了精锐的日本关东军，并占领了朝鲜半岛北部。

苏军为什么出兵

1945 年 5 月 8 日，德国投降，欧战结束。日本帝国主义在世界上空前孤立，败局已定，于是采取全面收缩、争取体面求和的总战略方针。

日对苏方针是避战求和，如苏军进攻，就退守中朝边境地区，保住朝鲜。日本关东军总部设在长春，辖 2 个方面军和 2 个集团军、1 个航空兵集团军，计 24 个师、12 个旅、约 70 多万人，另有伪满、伪蒙军约 20 万人。关东军沿中苏、中蒙边界构筑了 17 个筑垒地域，但只配置少量兵力，其主力配置在中国东北腹地。

苏联为履行在雅尔塔会议上做出的关于有条件地对日开战的承诺，在战胜德国后，迅速从西线抽调大批兵力和物资器材到东部地区，并在哈巴罗夫斯克（伯力）设立了远东苏军总司令部，辖 3 个方面军、太平洋舰队和黑龙江区舰队，计 11 个合成集团军、1 个坦克集团军、3 个航空兵集团军和

1945 年初的日本关东军

苏联红军进入中国
东北

部分蒙军,加上海军总兵力达
170 多万余人。

　　苏军总的意图是 3 个方
面军协同动作,向长春、沈阳
实施向纵深突击,粉碎关东
军,速战速决。其作战计划
是,外贝加尔方面军从蒙古东
部防守突出部实施主要突击,
切断关东军与华北日军的联系,分割围歼关东军第 3 方面军于长春、沈阳
地区。远东第 1 方面军在太平洋舰队配合下,从滨海地区实施突击,切断关
东军与朝鲜的联系,分割围歼关东军第 1 方面军于牡丹江、敦化地区。远东
第 2 方面军在黑龙江区舰队的配合下,从北面实施突击,歼灭日军第 4 集团
军。另以第 16 集团军和堪察加防区的部队进攻萨哈林岛(库页岛)南部和
千岛群岛,太平洋舰队负责切断关东军与日本的联系,并在朝鲜北部海岸实
施登陆作战。

　　苏联的军事行动在 1945 年 8 月 8 日开始,即德国于 5 月 8 日投降的
3 个月后。时间处于 8 月 6 日广岛原子弹爆炸和 8 月 9 日长崎原子弹爆炸
之间。

　　日本人在知道苏联军事行动的规模之前已经做出投降的决定。苏联在
美国投下原子弹之后仍进攻日本,主要是希望赶在美军发动奥林匹克行动
登陆九州之前抢先登陆北海道,以免日本被美国独占。

　　这场战役又称"苏日战争"。"八月风暴"是苏军的行动代号。

出兵行动顺利

　　1945 年 8 月 9 日凌晨,苏军航空兵对中国东北主要城市的日军目标进
行空袭。同时,苏军地面部队各先遣支队越过国境。拂晓,苏军主力发起进
攻,苏军外贝加尔方面军未遇抵抗,迅速越过大兴安岭和戈壁沙漠。苏军
远东第 1 方面军从侧后迂回并封锁了日军筑垒地域,用坦克在原始森林中
开辟通路,向牡丹江方向进攻。远东第 2 方面军在黑龙江区舰队协同下,强

渡黑龙江和乌苏里江，主力沿松花江进攻。与此同时，苏军太平洋舰队在朝鲜北部海岸实施登陆。

苏军成钳状地包围着和西欧大小相若的中国东北地区，红军分别从西面、北面和东面进攻中国东北。在西线，红军穿过蒙古的山脉和沙漠，远离苏军的铁路补给线，这超出了日军对苏联后勤的估计。日军未能预计苏联会这么快便对日作战，他们预计苏联最快要在10月才可出兵。在开战后的最初18小时，日方将领几乎不能做出有效率的指挥，而且部队和指挥部的通信也出现了问题。另外，红军使用了运输机把步队空降到各大小机场和城市中心，以及通过空军为超出陆上补给线的部队提供补给。在红军的陆空夹击之下，日军毫无招架之力。

红军以高度机械化的绝对优势迅速击败关东军和伪满洲国军。8月11日，伪满洲国"皇帝"溥仪及官员开始乘火车撤退，13日晨到达通化市临江县大栗子车站，之后被苏军俘虏。

苏、日主要的战斗持续了约一周，在8月15日，日本天皇裕仁在电台宣读终战诏书，宣布日本无条件投降，并在翌日开始停火。伪满洲国"皇帝"溥仪也在8月17日宣读"退位诏书"，伪满洲国正式灭亡。8月18日，日本关东军司令山田乙三下令中国东北地区及朝鲜北纬38度线以北的日军解除武装，停止战斗。

8月20日，苏军占领新京（长春）、奉天、哈尔滨、佳木斯等城市。8月22日，苏军占领旅顺、大连。

然而，陆上的推进在苏军越过鸭绿江后不久便停止了，因为空中补给线暂时中断。就在苏军等候补给期间，麦克阿瑟带领美军在9月8日于仁川登陆，占领了朝鲜半岛南部，苏美双方以北纬38度作为双方占领区的分界线。

另外，由于美国抢先占领日本本土，苏联并没有如计划占领到北海道。

"八月风暴"的影响

八月风暴行动以及广岛、长崎原子弹爆炸，打破了日

溥仪

本主战派和主和派间的僵局。当时日本仍有过百万陆军在中国,主战派认为日本仍有一丝胜利的希望,但日军在中国东北和朝鲜的迅速溃败使他们的幻想彻底破灭,他们明白日本已无胜利希望,包括在本土四岛也守不住了。天皇裕仁最终宣布日本无条件投降。

长谷川毅的研究指出,原子弹并不是日本投降的最主要原因,苏联能在一星期内迅速击败关东军和伪满军队,占领中国东北全境以及朝鲜半岛北部,促使日本不得不在 8 月 15 日宣布投降。

苏军撤出中国东北前,大规模拆运了中国东北地区的工厂、机器、铁路设施,并将中国东北各公私银行的贵金属、债券、纸币运往苏联。根据日本资料统计,苏联从中国东北拆运的资产价值合 1946 年的 53.4 亿日元,相当于当时的 13.6 亿美元。

此外,苏联在战役中攻占了整个库页岛、千岛群岛、旅顺口和大连,取得南满铁路的控制权。其后苏联把在中国的利益于 1955 年交还中华人民共和国。

朝鲜半岛北部被苏联占领,但由于补给受阻,苏军未能夺取其余半个朝鲜半岛。美国在苏军之前抢先在仁川登陆,从日军手上接管北纬 38 度以南的朝鲜半岛,自此朝鲜南北分裂直到今天。

揭密日本投降全过程

《剑桥战争史》指出，美国人坚持日本人必须签署投降书，并举行投降仪式，这是汲取第一次世界大战时只有德国一个国家签署投降书的教训。1945 年的胜利者确保了德、日两国的军事外交首脑在正式文件上签署投降声明。《剑桥战争史》也指出，第二次世界大战的后果，却是迎来了近半个世纪的世界两大军事阵营的冷战。

日本必须投降

1943 年 11 月，盟军开始大反攻，尼米兹和麦克阿瑟指挥美军从中太平洋和西南太平洋向日占领区进攻。

1944 年春夏间，美国先后夺取马绍尔、加罗林和马里亚纳三群岛。在 10 月爆发的莱特湾海战中，日本海空军力丧失殆尽。

1945 年 1 月，美军在吕宋岛登陆，3 月占领马尼拉。同年 3 月至 6 月，美军占领硫磺岛和冲绳，迫近日本本土。5 月，德国无条件投降。为了保住本土和朝鲜，日本进行了空前的战争大动员，叫嚷"本土决战"。7 月 26 日中、美、英三国政府首脑发表《波茨坦公告》，促令日本无条件投降，日本宣称绝不投降。

1945 年 2 月，英、美、苏签订《雅尔塔协定》，规定在欧洲战争结束后 3 个月内，苏联应对日宣战，但中国没有被邀请参加。由于美、英是以牺牲中国的主权（如承认蒙古独立）来换取苏联对日出兵的，所以也被称为"远东慕尼黑"阴谋。

1945 年 2 月以后，虽然日本军队在豫湘桂会战后已基本上打通了大陆交通线，但是由于经常受到来自于中国内地的美国空军的攻击，再加上太平洋战场已日益吃紧，盟军正逐步逼近日本本土，于是为了消灭美军在中国的飞机场以维持大陆交通线的通畅并早日结束中日战争以集中全力于本土防卫，1945 年 3 月起日军先后发动豫西鄂北会战和湘西会战。在河南，日本军

中国人民庆祝日本法西斯投降

队于 3 月下旬从豫中会战之后的防线以东向西发动攻击,其前锋一直冲到西峡口。在湖北,日本军队于 3 月向西北部发动攻击,于 4 月 8 日攻陷老河口。不过,在此之后中国军队随即发动反攻,收复了除老河口之外所有被日军占领的地区。在湖南,日军以空军基地芷江为目标,于 4 月向湖南西部发动攻击,但是在中国军队抵抗之下,日军遭受大挫败而退回原阵地。之后中国军队乘胜追击,向广西地区发动反攻,于 5 月 27 日收复南宁,6 月 29 日收复柳州,7 月 27 日收复桂林,8 月收复广西全境。此外,中国军队原本预定于 8 月收复广州以打通中国对外运输要道,因为日本投降而未实行。

1945 年 7 月 26 日,美、英、中三国共同发表《波茨坦公告》,敦促日本无条件投降,否则将予以日本"最后之打击"。由于此时美国的原子弹已试验成功,美国新总统杜鲁门对于苏联的参战并不抱太大兴趣,所以未邀请苏联协商,这使苏联颇为不满。

1945 年 8 月 6 日,为了避免采取大量伤亡的登陆战以及抢先苏联一步拿下日本本土,美军在日本广岛投下第一枚原子弹,3 天后又在长崎投下第二枚原子弹。苏联红军也根据《雅尔塔协定》,随即在 8 月 8 日对日宣战,发动"八月风暴"行动,并于 8 月 9 日出兵中国东北。此时的日本关东军兵力仅有 70 多万人部署在中国东北和朝鲜半岛,苏联红军投入到远东战场则达 170 多万人,双方的装备也相差悬殊,于是苏联红军在中国东北横扫日本关东军。

同时,由于美国的核武打击与苏联军队的参战,中国人民也感觉到抗日战争胜利之日即将到来。中国共产党由毛泽东发表《对日寇最后第一次世界大战》,朱德发布命令将原本分散的抗日根据地一一连通。国民党方面也在美军空运、海运帮助下,迅速占领各大城市,接受日本投降。

共产党军队则接收经营许久的中小城市、乡村地区，同时还收复了张家口。而且八路军、新四军因为长期敌后抗战的缘故，控制了大量铁路干线。

1945 年 8 月 15 日正午，日本裕仁天皇通过广播发表《终战诏书》，宣布无条件投降。

8 月 16 日，苏军总参谋部发表声明指出："日本天皇 8 月 15 日所发表的投降声明，仅仅是无条件投降的一般宣言，并未向武装部队发布停止敌对行动的命令，而且日本军队仍在继续抵抗，因此，日本尚未实际投降……远东苏军将继续对日攻势作战。"此段时间，由于日军的敢死队出动，导致苏联伤亡颇为惨重。战事直到 8 月 23 日苏军占领旅顺港口才真正结束。

9 月 2 日，日本外相重光葵在美国军舰"密苏里"号上正式签署投降书。9 月 9 日，侵华日军总司令冈村宁次在南京向中华民国政府陆军总司令何应钦呈交投降书。抗日战争及第二次世界大战至此正式结束了。

日本无条件投降

1945 年 8 月 15 日一大早，美军太平洋舰队司令部情报参谋莱顿上校就被紧急召到通信室，日本通过瑞士和瑞典发出接受《波茨坦公告》的电文正从只供他使用的特别电传机中传来，莱顿一把撕下电文，同时命令通信军士留下原稿并用明码发出致谢电，然后快步向太平洋舰队总司令尼米兹的

表现日本向中国投降的油画

日军代表向中国政府鞠躬投降

办公室奔跑，他兴冲冲地对办公室门口的尼米兹副官拉马尔中校大声报告道："来了最激动人心的消息！"连敲门和报告都没有就一头闯进办公室，尼米兹看了电文，没有兴高采烈地欢呼雀跃，只是微微一笑，好像早在预料之中。

中午，日本天皇发布诏书，宣布接受《波茨坦公告》无条件投降。

在美国杜鲁门总统发表日本已正式表示无条件投降的声明之后，尼米兹向所属部队下令停止对日军的攻击，但仍要继续进行搜索和巡逻，采取高度防范和安全措施，警惕日军可能的垂死挣扎。随后向全体官兵发出祝贺，同时要求举止端庄和礼貌地对待日本人，美军若再有任何侮辱的词句，则与美国海军军官的身份不符。

正在日本近海的美军第3舰队司令哈尔西海军上将，得知日本投降的消息后，兴奋地拍打着身边每个人的肩膀，欢呼万岁！接着哈尔西召回了刚起飞前去空袭日本的舰载机机群，同时命令旗舰"密苏里"号战列舰汽笛长鸣1分钟，并在桅杆上升起了"干得好"的信号旗，第3舰队的其他军舰也如法炮制，以庆贺胜利！哈尔西在兴奋之余并没有忘乎所以，仍保持着严密的空中巡逻，以防止日军为了最后的体面发动自杀攻击，在命令中他特别指示飞行员查明并击落一切觊觎者。

8月17日，日本天皇发布敕谕，命令所有武装部队停止一切战斗行动，向同盟国投降。

8月19日，日本大本营的16名代表根据麦克阿瑟的命令分乘两架涂有绿十字标记的飞机，抵达马尼拉，听取有关盟军进驻日本本土和签署投降书的指示，并接受由同盟国拟定的投降书文本。

8月28日清晨，首批美军分成空中和海上两路在日本本土登陆。第11空降师第187空降团搭乘运输机从冲绳前往东京东南的厚木机场，除了先遣小组乘坐的是一架C-47"空中列车"运输机外，其余部队都是乘坐航程更大的C-54，因为美军无法预计长期接受武士道思想熏陶的日军会以什么方式来迎接美军，而 C-54 的大航程可以保证在厚木降落受阻的情况下能安全返回冲绳。而且这批最早踏上日本本土的美军官兵丝毫没有胜利者的喜悦与得意，反倒是满怀忐忑与不安，所有人都是紧握着上膛的枪，随时准备战斗，甚至连空运的 75 毫米榴弹炮，都是破天荒地没有分解，而是完整安置在机舱，装上炮弹就可开火！空气中充溢着紧张的气氛，以至于事后有人开玩笑说，要是那天有人放了一声爆竹，天知道会发生什么！就在空降部队登陆的同时，海军陆战队第 3 师第 4 团也乘坐登陆艇在横滨以南的横须贺军港登陆，还好日军没有任何抵抗，一切顺利。

8 月 29 日，第 3 舰队在哈尔西的率领下驶入东京湾。下午，尼米兹乘坐水上飞机到达东京湾，在"南达科他"号战列舰上升起了他的五星上将旗。

8 月 30 日下午 2 时，美军西南太平洋战区总司令麦克阿瑟的"巴丹"号专机在厚木机场着陆，军乐队奏乐致敬，麦克阿瑟仍旧是那身典型装扮——旧军便帽，太阳镜，玉米芯烟斗，唯一不同的是他掩饰不住的满面春风。

两图表现的是，美军在"密苏里"号舰上接受日军投降

"密苏里"号上的投降仪式

日本无条件投降签字仪式定于 1945 年 9 月 2 日上午 9 时在美国海军"密苏里"号战列舰上举行。

为什么将这一举世瞩目的仪式放在军舰上？虽说"密苏里"号是一艘排水量高达 4.5 万吨的超级战列舰，拥有宽敞的甲板；东京尽管在美国大规模空袭中遭到严重破坏，但还是有几处可以容纳上万人的场地，比起军舰甲板还是宽敞得多。

原来事出有因。杜鲁门总统在日本投降后宣布由麦克阿瑟出

任驻日盟军最高司令，负责安排和主持日本投降仪式，并作为同盟国代表在投降书上签字。这一决定立即引起了海军的强烈不满，激发了陆海军之间根深蒂固的军种矛盾（此时空军还没有成为独立的军种），海军在战争中出力甚多，到了胜利一刻，却让一位陆军将领站到台前，这将给人以主要是陆军将日本打败的印象，因此海军部长福莱斯特建议，如果投降仪式由陆军将领主持，那么仪式应在一艘海军军舰上举行，此外麦克阿瑟作为同盟国代表签字，那么尼米兹就将作为美国代表签字，以表彰海军在战争中所做出的贡献。为了保证总统同意这一建议，他特别选择以杜鲁门家乡命名，并由他女儿玛格丽特主持下水典礼的"密苏里"号作为候选军舰。这一建议立即获得批准，

日本平民涌上街头收听战败公告

这样"密苏里"号就成为这一重大历史事件发生的场地。

哈尔西得知他的旗舰将成为签字仪式所在地非常高兴，并特意致电海军军官学校博物馆，请求借该馆收藏的一面旧国旗。这一面长165厘米、宽157厘米、只有31颗星的旧国旗，却是大有来历的。92年前就曾到过东京湾——悬挂在1853年首次用舰炮打开日本国门的美国海军舰队司令马修·佩里准将的旗舰桅杆上！哈尔西这么做，无非是要证明美国海军的赫赫军威！该馆同意了他的请求，并派专人用专机将这面国旗送来，哈尔西将其装入玻璃镜框，高挂在自己指挥舱室的门上，正好俯视着仪式的举办场所右舷露天甲板！

尼米兹则特意命令海军营建工程大队为麦克阿瑟整修了1艘登陆艇，供他前往"密苏里"号时乘坐。海军营建工程大队日夜施工，将全艇漆成红色，还在艇首漆上麦克阿瑟的军衔五颗将星，然后连夜运到东京湾，可惜尼米兹并不知道从麦克阿瑟的司令部到"密苏里"号有20海里之遥，加上麦克阿瑟也不领情，一开口便拒绝使用这艘专用艇，而要求海军提供一艘新

的驱逐舰。踌躇满志的麦克阿瑟还希望能在"密苏里"号上升起他的将星旗，满足他还从来没有在军舰上升起过将星旗的愿望，这可让负责布置仪式场地的尼米兹副官拉马尔为难了，因为根据海军条令，军舰桅杆上只能升起军舰上最高军衔将领的将星旗，尼米兹也是五星上将，该怎么办呢？他苦思冥想，终于想出了解决办法，在主桅杆上并排升起麦克阿瑟的红底白星陆军五星上将旗和尼米兹的蓝底白星海军上将五星旗。

9月1日上午，"密苏里"号上举行签字仪式预演，几十名水兵扮演参加仪式的贵宾，在右舷露天甲板上预演了明天的仪式。

晚8时举行了由麦克阿瑟主持的受降预备会议，出席投降签字仪式的苏联代表普尔卡耶夫，提出应在"密苏里"号上升起所有对日本作战国的国旗。麦克阿瑟竟不以为然地说："就让美利坚合众国国旗作总代表吧，她有这个资格！不是吗？朋友们，哈哈！"他笑得很轻松，也很自豪。与会者惊愕地面面相觑。普尔卡耶夫想到自己是第一次与麦克阿瑟打交道，又见其他代表也没有坚持，也只好一笑置之。从这件小事中可以看出此时美国的强横与嚣张，这给投降仪式和战后的各国关系蒙上了一层阴影。

投降仪式正式开始

9月2日，历史性的日子终于到来了。

停泊在东京湾的"密苏里"号，全舰刚用灰色油漆粉刷一新，406毫米巨炮斜指向天空，四周海风轻拂，战舰如云，帆樯如林，气氛肃穆庄重。

日方代表列队进入受降现场

天刚破晓，东京湾里便满是拖着长长白练的小艇，往来疾驶，都是运送性急的各国记者和观礼嘉宾前往"密苏里"号的。"密苏里"号登舰舷梯口，站立着一排精神饱满的水兵，主甲板上，水兵乐队和陆战队荣誉仪仗队静静肃立，威严凝重。

7点刚过，包括日本记者在内的240多位各国记者，就已经站立在指定位置上了，令所有记者嫉妒不已的是两位苏

联红军摄影记者，仗着不懂英语，信步闲逛，随意拍照。

主桅上飘扬的星条旗正是哈尔西借来的那一面非同寻常的国旗。1941年12月7日，珍珠港事件那天，该国旗就飘扬在华盛顿国会山的旗杆上，后来该国旗随着美军到过罗马，去过柏林，目睹过德意轴心国的投降，今天将要见证日本的投降！

签字仪式的会场是右舷的露天甲板，中央偏右放置着一张大桌子，本来是借用英国"乔治五世"号战列舰上一张古色古香的大桌，可惜太小，才临时换用"密苏里"号士官餐厅的长条桌，上铺绿呢桌布。1946年2月16日，这张桌子、桌布和椅子正式被送到美国海军学院博物馆，成为日本彻底失败的历史见证。

桌子旁边竖着一排麦克风，可以向美国直播签字仪式。桌子靠里是同盟国签字代表团的位置，桌子靠外是日本代表团的位置，左前方是50位海军将领，右前方是50位陆军将领，正对桌子的最佳位置临时搭起平台，则是摄影记者的专区。

8时许，哈尔西作为主人，笑容可鞠地站在舷梯口与登舰的观礼贵宾逐一握手寒暄，一时间，甲板上到处是将星闪耀，到处是欢声笑语，有人戏称，从没有在如此小的地方见到过如此多的将军！只有中途岛战役英雄、战功卓著的斯普鲁恩斯海军上将没有出席。思虑周全的尼米兹担心要是背信弃义的日本人袭击"密苏里"号，得有人负起指挥太平洋舰队的重任，所以此时斯普鲁恩斯还远在冲绳岛海域的"新泽西"号上坐镇指挥太平洋舰队。

8时10分，尼米兹将军和随行人员从"南达科他"号乘坐专用小艇来到"密苏里"号，扩音机里响起"海军上将进行曲"，哈尔西上前热烈欢迎，全舰哨声大作，尼米兹的五星上将旗在桅杆上冉冉升起。

世界各地都在庆祝胜利，图为法国人欢呼二战胜利

8 时 30 分, 乐声大起, 同盟国代表团乘 "尼古拉斯" 号驱逐舰抵达 "密苏里" 号, 身着深灰黄色军服的是中国代表, 纯白短袖、短裤、长袜的是英国代表, 深棕绿、深蓝色镶红条的是苏联代表, 淡黄色军服的是法国代表。色彩斑斓五光十色的军服, 再加上炫目的勋章绶带, 令人眼花缭乱、目不暇接。中国话、英国话、美国话、荷兰话、法国话、俄国话, 此起彼伏热闹非凡, 甲板上顿时成为有声有色的外交场所, 记者忙得不亦乐乎。奇怪的是, "密苏里" 号上的所有美军官兵, 上至五星上将, 下至普通水兵, 虽说军装簇新, 却都是制式衬衫的军便装, 不系领带不佩勋章, 全然不是出席正式场合的常服或礼服, 原来美军决定, 以此形式表达对日军的轻蔑。

　　8 时 50 分, 乐声又一次奏响, 麦克阿瑟乘坐 "布坎南" 号驱逐舰从横滨赶来, 尼米兹上前迎接, 两人谈笑着从主甲板拾级而上, 步入将领休息舱。如麦克阿瑟所愿, 他的五星将旗升上桅杆。在一艘军舰上, 同时升起两面五星上将旗, 这在美国海军的历史还从未有过!

　　此时, "密苏里" 号向远处运送日本代表团的 DD－486 "兰斯多恩" 号驱逐舰发出信号, "兰斯多恩" 号随即靠上前, 放下小艇将日本代表团送来。日本代表团一行 11 人, 外相重光葵黑色礼服礼帽作为日本政府代表, 陆军参谋总长梅津美治郎大将一身戎装作为日军大本营代表, 其他 9 人是由 3 名外务省代表、3 名陆军代表和 3 名海军代表组成。

　　关于重光和梅津中国人民不会不知道, 重光的一条腿就是 1932 年 5 月在上海虹口公园被朝鲜义士尹奉吉投掷的炸弹炸断的, 至今在虹口公园里还有旧址可寻; 梅津则担任过天津驻屯军司令, 他是著名的《何梅协议》日方签字人。沧海桑田, 昔日曾是何等的趾高气扬, 今日却在这里俯首称降!

　　当日方代表团登舰时, 军乐队一片沉寂, 礼仪哨视如不见, 在美军联络军官西尼·麦什比尔上校引导下, 重光葵在前, 臂弯里夹着手杖, 拖着一条假腿, 一瘸一拐举步维艰, 梅津在后, 步履沉重。走到露天甲板后, 重光葵摘下礼帽, 与同行者列队向各国将领行鞠躬礼, 但无人答礼。他们敬礼之后, 重光和梅津并列在前, 其他人分列两排, 转向面桌而立。

　　9 时整, 乐队奏起美国国歌 "星条旗永不落", 麦克阿瑟和尼米兹并排在前, 哈尔西在后步出将领休息舱, 同盟国代表团以及观礼的陆海军将领都在规定位置上列队。走上甲板后, 尼米兹站在中国代表徐永昌将军右边,处于同盟国代表团第一人的位置,哈尔西则站在海军将领的第一位的位置。舰上水兵则纷纷抢占能看到会场的有利位置,今天我们从照片上还可以看到所有高处,甚至大口径舰炮的炮管上都挤满了神采飞扬的水兵。重光葵和梅津美治郎等人向麦克阿瑟致礼,他同样没有答礼。

军舰牧师作祈祷后,麦克阿瑟走到麦克风前,持稿在手,神色肃然地宣读投降命令。在投降命令里,他重申敦促日本投降的《波茨坦公告》基本内容之后说:"今天,我们各交战国的代表,聚集在这里,签署一个庄严的文件,从而使和平得以恢复。涉及截然相反的理想和意识形态的争端,已在战场上见分晓,我们无须在这里讨论。作为地球上大多数人民的代表,我们也不是怀着不信任、恶意或仇恨的情绪相聚的。我们胜败双方的责任是实现更崇高的尊严,只有这种尊严才有利于我们即将为之奋斗的神圣目标,使我们全体人民毫无保留地用我们在这里即将取得的谅解,而忠实地执行这种谅解。"

最后他说道:"在这庄严的仪式之后,我们将告别充满血腥屠杀的旧世界,迎来一个十分美好的世界,一个维护人类尊严的世界,一个致力于追求自由、宽容和正义的世界,这是我最热忱的希望,也是全人类的希望!"随后,他指着桌子前的椅子,严肃地宣布:"现在我命令,日本帝国政府和日本皇军总司令代表,在投降书指定的地方签字!"一名日本代表首先走上来,仔细审视桌上两份投降书无误,再回到自己位置,接着重光葵走上前,摘下礼帽和手套,斜身落座,不料手杖却从臂弯滑落到地上,他只好狼狈地拣了起来,一面想放置他的礼帽和手套,一面又从口袋里掏笔,手忙脚乱,一名外务省的随员走上前,递上笔并替他拿好手杖。可他面对投降书,却又不知道要签在哪儿,麦克阿瑟回头招呼他的参谋长萨瑟兰将军:"告诉他签在哪儿!"在萨瑟兰的指点下,重光葵在两份投降书上签

图为莫斯科红场庆祝二战胜利结束

美国人庆祝二战胜利结束

下自己的名字。接着，梅津走上前，他没有入座，似乎想要保持一点军人的威严，除去手套，看也没看投降书就俯下身草草签名。

麦克阿瑟接着宣布："同盟国最高统帅现在代表各交战国签字！"他邀请乔纳森·温赖特少将和亚瑟·帕西瓦尔中将陪同签字，温赖特是最后坚守菲律宾的美军将领，帕西瓦尔则是新加坡沦陷时的英军将领，两人都是刚从沈阳的战俘营里赶来，三年战俘生涯的折磨摧残，使两人骨瘦如柴，形同骷髅，穿着最小号的军装还显得肥大不堪！麦克阿瑟请这两人陪同签字，正是对两人所经受苦难的一种补偿。两人出列向麦克阿瑟敬礼后站在他身后，麦克阿瑟神定气闲地落座，开始签字，一共用了6支笔，第一、第二支笔当场就送给了陪同签字的温赖特和帕西瓦尔，其他四支笔分别送给美国政府档案馆、西点军校、中国代表徐永昌和他的夫人。

签完字以后，麦克阿瑟起身回到麦克风前，"现在请美利坚合众国代表签字"。尼米兹出列，邀请哈尔西和谢尔曼将军陪同签字，战争中这两人是尼米兹的左膀右臂，今天陪同签字也是对他俩的最好褒奖。当然，谢尔曼是代替没有出席仪式的斯普鲁恩斯的位置。

随后，中国的徐永昌上将在商震将军陪同下代表中国签字。接着，英国布鲁斯·弗雷泽海军上将、苏联德里维昂柯·普尔卡耶夫陆军中将、澳大利亚托马斯·布来梅上将、加拿大摩尔·科斯格来夫上校、法国雅各斯·列克雷克上将、荷兰康拉德·赫尔弗里奇上将和新西兰昂纳德·伊西德少将依次代表各自国家签字。麦克阿瑟最后致辞："我们共同祝愿，世界从此恢复和平，愿上帝保佑和平永存！现在仪式结束。"此时正是9时18分，巧合的是，14年前的"九·一八"事变，日寇占领沈阳。

按照预定程序，仪式结束后日本代表应该取一份投降书离舰，一名日本代表走到桌前，拿起应由日本保存的投降书，但他只看了一眼就匆匆招呼其他代表，他们随即开始交谈，麦克阿瑟转身对负责仪式事务的拉马尔中校说："去看看出了什么事情？"一名日本代表向拉马尔解释道，投降书不能生效，因为纳降方签字有误！原来加拿大代表签在法国代表的位置上，接下去其他人都签错了地方，最后的新西兰代表不得不签在文稿的最底下。麦克阿瑟弄清楚情况后，嘱咐参谋长萨瑟兰将军改正。萨瑟兰接过投降书，用钢笔划线更正，并签上自己的名字作为证明。日本代表团这才接受投降书，和平终于实现！

日本代表团还未离舰，天空中便传来阵阵轰鸣，人们不由得抬起头仰望，10架B－29"超级堡垒"排着整齐的队形从"密苏里"号上空掠过，紧接着，一批又一批美军飞机呼啸而过，人们还来不及数清数目，隆隆声响中，越来越多的飞机飞过"密苏里"号，朝着东京的方向飞去！战争中，航空兵立下了赫赫战功，今天他们完全有理由以这样宏大浩荡的阵势来参加签字仪式！由于当时美国还没有独立的空军，其航空力量分别属于陆军航空兵和海军航空兵，为了表示陆海军之间的对等，以空中阅兵的方式参加签字仪式的1000架飞机中，陆海军各占一半。

由于签字仪式结束后，日本已不再是交战的对手，因此日本代表团走下舷梯时，美军礼仪哨兵给予他们例行的礼遇，向他们敬礼，梅津美治郎表情冷峻地还礼，代表团其他成员也都还了礼。

同时，尼米兹下令撤销哈尔西下达给运送日本代表团的"兰斯多恩"号驱逐舰不向日本人提供咖啡、香烟等招待的命令，以表示不再将日本人视为敌人。

当日本代表团离舰后，作为主人的哈尔西在自己的舱室用咖啡和油炸面圈招待各国签字代表，因为美国海军军舰禁酒，所以哈尔西为不能向各位贵宾提供香槟而深表遗憾。虽然没有香槟，但气氛仍然非常热烈，因为从这天起，持续多年的枪炮声终于平息，和平终于降临了！而1945年9月2日作为一个举世瞩目的日子，一个具有历史意义的日子将永留史册！